アジアの経済安全保障

ECONOMIC
SECURITY
IN
ASIA

伊集院敦・
日本経済研究センター◉編著

新しいパワーゲームの構図

日本経済新聞出版

はじめに——経済安保が促すアジアと世界の変化

日本を取り巻くアジア地域が「経済安全保障」の波に揺れている。アジアは冷戦後のグローバル化の恩恵を受けて経済を成長させてきた地域だが、世界的な安全保障環境の変化により、新たな対応を迫られているのだ。経済と安保が重なる経済安保はこれまで一般にはあまりなじみのない概念だった。それが、新たな安保環境のなかで各国の政府と企業が浮沈をかけて取り組まざるを得ないテーマに浮上したのである。

最大の環境変化が米中関係の激変であることは論をまたない。中国への関与政策を進めてきた米国は強大になった中国を「唯一の競争相手」と位置づけ、大国間競争が激化した。もともと台湾問題や海洋安保などで対立してきた両国だが、戦略競争が経済分野に広がり、軍事につながる先端技術をめぐる覇権競争が本格化した。ロシアによるウクライナ侵攻が大国間競争に拍車をかけた。

2023年版の『外交青書』は昨今の情勢について「国際社会は歴史の転換期にある」と指摘し、「ポスト冷戦期が終焉した」と表現した。

冷戦の終焉後は米国など先進民主主義国が普遍的価値や原則にもとづく国際秩序の維持・発展をリードしたが、新興国・途上国の台頭が国際社会にパワーバランスの変化をもたらし、地政学的な競争が激化した。国際関係は「対立や競争と協力の様相が複雑に絡み合う状況となっている」

との認識だ。

米国の経済安保のターゲットは中国通信大手の華為技術（ファーウェイ）に代表される高速通信規格「5G」から半導体などの戦略物資に広がり、同盟国や友好国に対中輸出規制への同調を求めている。中国も独自の安全保障観にもとづく経済安保の対抗策を矢継ぎ早に打ち出し、中国への経済依存度が高いアジアの国々は米中双方への目配りが欠かせなくなった。米国相手でも中国相手でも、外交やビジネスを展開するうえで、いまやサプライチェーン（供給網）の問題を避けられない。

米中に向き合う姿勢は国によって様々だが、各国とも対外関係と国内体制の両面で経済安保の対応を求められるようになっている。

日本は22年5月に多角的な政策を盛り込んだ経済安全保障推進法を制定した。①重要物資の供給網の構築、②基幹インフラの安全確保、③先端重要技術の開発支援、④特許の非公開制度の創設――の4つの柱からなる。政府は同年末に改定した「国家安全保障戦略」で初めて経済安保を正面から取り上げ、今後の安保政策の柱に位置づけた。23年3月末には米国に歩調を合わせ、先端半導体の製造装置など23品目を輸出管理の対象に追加すると発表した。

経済安保は日本が23年の議長国を務める主要7カ国（G7）の会合でも重要な議題となった。4月の貿易相会合では、中国を念頭に貿易の制限などで経済的に圧力をかける「経済的威圧」にG7が共同で対応を検討する方針を決めた。続く外相会合では共同声明に初めて独立した項目を設け、新興国や発展途上国を含む志を同じくするパートナーと協働する重要性も強調した。この声明に中国は「強い不満と断固とした反対」を表明した。

海外に移した生産拠点を再び自国へ移転する「リショアリング」や、同盟国や友好国などに限定したサプライチェーンを構築する「フレンドショアリング」という言葉がにわかに広がり始めた。

米中は経済安保を意識して、それぞれにインド太平洋経済枠組み（ＩＰＥＦ）や広域経済圏構想「一帯一路」、東アジアの地域的な包括的経済連携（ＲＣＥＰ）など自国主導の協定や枠組みを使って仲間の囲い込みを競っている。その主戦場が、経済成長を続け潜在力も大きいアジア地域なのだ。

東南アジアや南アジアの国々の多くは米中の草刈り場になることを警戒しつつ、それぞれに生き残りを模索する。サプライチェーン再編の波に乗って企業誘致を進めようとする国もあれば、自国の資源の囲い込みによる産業力強化や国際政治での存在感向上を図ろうとする国もある。

経済安保を軸とする合従連衡が繰り広げられ、アジアは乱世の時代に入った。今後は域内の国々のなかでも経済安保の取り組みによって浮き沈みが激しくなるだろう。経済安保は民間の役割が大きく、アジアの産業地図は数年のうちに一変するかもしれない。

大波のなかで漁夫の利を得られるならよいが、経済のブロック化や分断が進めばグローバル市場相手の貿易で成長してきたアジアの経済は甚大な影響を受ける。軍事の安全保障と同様、経済安保でも自衛の措置が相手のさらなる行動を誘発する「安全保障のジレンマ」に陥ることが懸念される。それが国家間の対立や紛争に発展するリスクも否定できない。今後の展開によって、アジアは経済のみならず、政治、社会、文化など様々な面で大きな変貌を遂げる可能性がある。

公益社団法人日本経済研究センターは日本経済新聞社からの受託研究として、アジア研究プロジェクトを継続的に実施している。外部の専門家を交えたプロジェクトで、2022年度の研究成果として23年3月に『東アジアのリスクと経済安保』と題する2部構成の報告書を発刊した。本書はアジアの経済安保を取り上げた第2部に加筆修正し、再編集したものだ。

第1章では米国が中国との競争で最も重視する半導体戦略の最新動向を紹介した。経済安保には自らの強みを生かす攻めの政策と弱点を克服する守りの対策があり、第2章から第4章にかけて米国に対抗する中国の経済安保政策を多角的に分析した。第5章では最先端半導体の生産で世界をリードし、経済安保のホットスポットにもなっている台湾の動向を取り上げた。

第6章では米中両国の狭間で独自の対応を探る東南アジア諸国連合（ASEAN）の国々、第7章では「グローバルサウス（南半球を中心とした新興国・途上国）」の一角として発言力を強め、ウクライナ侵攻で西側諸国から非難されているロシアとの関係を含めた多元的な独自外交を展開するインドを取り上げた。第8章では半導体と並んで経済安保に不可欠な要素となるエネルギーの問題を、アジアにおける脱炭素化の動きと絡めて論じた。終章では経済安保政策の推進に伴う各種のリスクを点検し、アジアの安全と経済の好循環を目指すうえでの課題を検討した。

22年度のアジア研究プロジェクトの座長は、元駐中国大使の宮本雄二・宮本アジア研究所代表にお願いした。22年は日中国交正常化50周年に当たり、プロジェクトの一環として日中の有識者による東アジア・リスクウェビナーを開催。分断のリスクやリスク軽減のためのリスク・コミュニケーション、地域安保の火種になっている北朝鮮リスクなどをテーマに意見交換し、講演の抄録を報告書の第1部に掲載した。ご覧になりたい方は当センター発刊の報告書を参照していただきたい。ウェブサイトでも公開している（https://www.jcer.or.jp/research-report/20230323-2.html）。

宮本氏は米中両国やミャンマーなどでの駐在のほか、旧ソ連、軍備管理・科学など幅広い分野での外交経験があり、実に多くの点で助言をいただいた。記して感謝の意を表したい。報告書と書籍の編集は、日本経済研究センター首席研究員の伊集院敦が担当した。不十分な点があるとすればひとえに編集者の責任である。

新冷戦か、多極化か、それともまったく別の構図か。現在の国際社会は『外交青書』で「歴史の転換期にある」と指摘されたものの、終焉したとされる「ポスト冷戦期」の後の世界がどのような景色になるのかは現時点では予想がつかない。確かなのは、アジアが人口で世界の半分を占め、国内総生産（GDP）の規模でもすでに世界の3割を超す存在になっているという事実だ。世界情勢がアジアに影響すると同時に、アジアの動向が世界情勢に大きな影響を与える時代だ。

新たな国際秩序がどうなるのか。それを占うカギのひとつがこの地域の今後にかかっていると言っても過言ではない。アジア情勢から一段と目が離せなくなっているゆえんであり、経済安保を切り口にした本書が読者のアジア情勢理解の一助になれば幸いである。

2023年5月

日本経済研究センター首席研究員　伊集院　敦

アジアの経済安全保障　目次

第2章　デカップリング対応を模索する中国
習近平政権の経済安保政策

真家陽一

第3章　中国における「軍民融合発展戦略」の展開
多用途先端技術と国防科学技術工業

土屋貴裕

第4章

中国のエコノミック・ステイトクラフト

経済の武器化と求められる対策

長谷川将規

第5章　外交孤立の台湾、危うい「シリコンの盾」

山田周平

第6章　ASEAN、米中の狭間で風見鶏

メガFTAは「掛け持ち」

富山　篤

終章 分断を超えたアジア経済安保戦略の構築
「安保と経済の好循環」への課題

伊集院 敦

執筆者一覧

太田泰彦　日本経済新聞編集委員（第1章）

真家陽一　名古屋外国語大学教授、日立総合計画研究所リサーチフェロー（第2章）

土屋貴裕　京都先端科学大学准教授（第3章）

長谷川将規　湘南工科大学教授（第4章）

山田周平　桜美林大学大学院特任教授（第5章）

富山篤　日本経済研究センター主任研究員兼アジア予測室長（第6章）

山田剛　日本経済研究センター主任研究員兼日本経済新聞シニアライター（第7章）

松尾博文　日本経済新聞上級論説委員兼編集委員（第8章）

伊集院敦　日本経済研究センター首席研究員（終章）

第1章

米国主導「戦時」の半導体戦略

半強制的サプライチェーン再編

太田泰彦
日本経済新聞編集委員

中国と台湾の対ロシア半導体輸出の推移

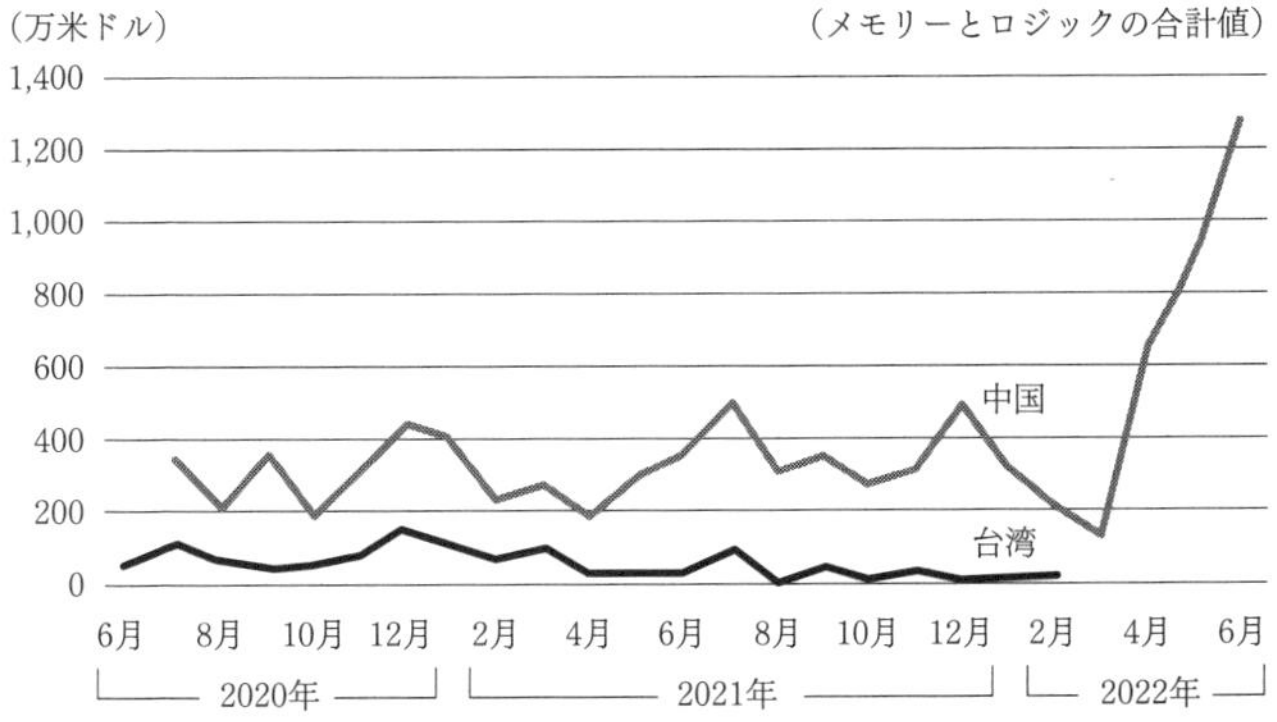

資料：中国と台湾の通関統計をもとに筆者作成

Point

- トランプ政権下で本格化した米国の対中強硬路線は、バイデン政権でさらに激化した。戦略物資である半導体の輸出規制や外国企業の米国内への工場誘致が強化された。中国を孤立させる米国の国家戦略が顕著になった。
- ウクライナ危機を受け、ロシアに対しても同様の経済制裁措置がとられた。いわゆる「西側」の陣営と、中国、ロシアなどの専制国家の間で先端技術のデカップリング（分断）が進むだろう。
- 世界規模で半導体サプライチェーンの再編が加速している。台湾、韓国のファウンドリー（半導体受託生産会社）は半強制的に米国への生産移転を迫られ、水平分業のビジネスモデルが崩壊しつつある。企業はグローバル戦略の抜本的な転換を迫られる。
- インド太平洋経済枠組み（IPEF）など新たな国際ルールの形成に向けた様々な試みが始まったが、米国の求心力は弱い。自由貿易の理念が色あせ、経済安全保障を優先する時代が始まる。

1 先鋭化する米国の半導体戦略

米バイデン政権は2022年10月、半導体を中心とする先端技術品を対象に中国への輸出規制を強化した。米国が打ち出した経済安全保障政策に欧州、台湾、韓国、日本などいわゆる西側の国・地域を巻き込み、世界の半導体サプライチェーンを米国の管理下に置く体制が敷かれようとしている。

輸出規制の大幅強化

2022年10月7日は、先端技術をめぐる米中対立の構図が克明に浮かび上がった節目として歴史に記憶されるかもしれない。米商務省の産業安全保障局（Bureau of Industry and Security：BIS）はこの日、中国に対する経済政策の一環として輸出管理規則（EAR）の大幅改定を官報で公示。対象品目をそれまでの半導体からスーパーコンピューター（スパコン）の関連品にまで一気に広げ、日本や欧州連合（EU）加盟国、英国、台湾、韓国など米国以外の外国企業に対しても規制の順守を要請した。

BISが示した規制強化には、大きく3つの理由がある。

まず第1に、中国が認知電子線、レーダー、暗号通信など自律的な軍事システムを配備するために人工知能（AI）の高度化を進めており、そのための膨大なデータ処理に高度な半導体集積回路とスパコンを必要としていること。このため米政府はスパコンに関連するあらゆる技術の流出を防ぐことで、AI化による中国軍のデジタル・トランスフォーメーション（DX）を阻止しようと考えている。

第2に、中国が新型核兵器、極超音速ミサイルなどの次世代の大量破壊兵器の設計、兵器のバーチャル空間での実用化実験、戦場での影響分析などに、高度なスパコンを使おうとしていること。おそらく米政府は中国軍の新型兵器の開発について具体的な情報をつかんでいて、米国およびいわゆる西側の諸国から中国への技術移転の経路を急いで遮断する必要があったとみられる。

とりわけ音速の5倍以上の速度で飛ぶ極超音速ミサイルは、ひとたび発射されると、現時点の技術ではどのような迎撃システムを使っても撃ち落とすことができない。中国軍が本格的に実戦配備すれば、日本海、東シナ海、南シナ海を巡航する米海軍の原子力空母を基軸に築かれた抑止力が無効化する恐れがある。

極超音速ミサイルは「空母キラー」とも呼ばれ、これまで極東で保たれてきた軍事バランスを根底からくつがえす力を秘めた脅威だ。米国としては、中国軍が技術的に優位に立つ状況を何としても防がなくてはならない。

さらに2023年初めに米国土に相次いで飛来した観測気球は、中国が軍事目的で開発したものとみられ、人工衛星に比べて低高度・低速で飛ぶことで、地上を高解像度で偵察できる。新たな情報収集の手段とＡＩを活用すれば、中国軍は米国の防衛体制をより精緻に分析できるようになる。

そして米国のＢＩＳは規制強化の第3の理由として、中国政府がＡＩとスパコンを使って市民の行動の監視・追跡を行い、基本的な人権を蹂躙《じゅうりん》しているとの認識を示した。新型コロナウイルスの感染拡大も相まって、中国当局は市街の監視カメラで市民の行動を精査し、分析を強化しているとみられる。中国内の人権問題は、米国や同盟国の国家安全保障とは直接的には関係がないが、米政府は自由貿易に反する強力な輸出規制に説得力を持たせるためにも人権問題を持ち出した。

このＥＡＲ改定により、ＡＩに必要なハードウェアであるＧＰＵ（グラフィックス・プロセシング・ユニット）をはじめとする製品としての半導体、スパコン自体だけでなく、半導体やスパコンを開発・製造するための装置、素材、部品、ソフトウェア、設計ツール、技術ノウハウのほぼすべてが米政府の監視下に置かれた。

スパコンは高度な半導体を使う装置であり、そのスパコンの関連品を対象に加えることで、半導体をめぐる監視の範囲を広げることができる。ＢＩＳの告知は、スパコンのほか認知電子線、レーダー、暗号通信、ＡＩ、極超音速ミサイルなどのキーワードを並べているが、これらすべての品目にも高度な半導体チップが欠かせない。

すなわち米政府が阻止したいのは、半導体の開発・製造に関係する中国の技術水準の向上であり、ＢＩＳの規制強化は米国の安保戦略の骨格をなす措置である。バイデン政権の中国に対する強硬策は外形的にはトランプ前政権の路線を継承しているが、政策の根にある意図は異なると考えるべきだ。トランプ前政権は米国内産業の保護と雇用の確保を優先し、経済面での計算を混入させていた。一方、バイデン政権は安保を土台に通商・貿易政策を設計している。

中国を「兵糧攻め」

米国の企業からの輸出が規制対象となるのは明確だが、台湾、韓国、日本などの企業から中国への輸出、再輸出にも規制が適用される点にも留意しなければならない。台韓日の企業は、顧客である中国企業に向けた輸出だけでなく、自社が中国の国内に持つ現地工場への設備や部材の供給も制限される。本社と中国現地企業の間のサプライチェーンが断たれることになり、現地工場が孤立する可能性もある。

世界の産業界への影響は計り知れない。まず悲鳴を上げたのは韓国企業だった。半導体の世界大手であるサムスン電子は、データ保存に使うＮＡＮＤ型と呼ばれるメモリーの工場を陝西省の西安に持ち、検査、パッケージングを経てチップを最終製品として完成する後工程の工場を江蘇省蘇州に置く。

韓国第２の半導体メーカーであるＳＫハイニックスの場合、データの一時保存に使うメモリーのＤＲＡＭ工場が江蘇州の無錫に、後工程の拠点が重慶にある。さらに同社が２０２０年に米インテルから買収したＮＡＮＤ型メモリーの大型工場が、遼寧省の大連で稼働している。中国の国外からの部材調達やライセンス移転ができなくなれば、これらの現地工場が干上がり、半導体が主力事業である韓国2財閥は致命的な打撃を受ける。

米政府としては韓国企業を見殺しにするわけにはいかなかった。ＢＩＳが規制強化を発表した数日後には、サムスン、ＳＫに対して1年間の猶予期間を与えることを明らかにした。これにより両社は現地工場への設備やサービスの提供を当面は続けることができる。ただし、1年後の23年10月に米政府が両社に対してどのような規制を課すかは予断を許さない。サムスン、ＳＫは表舞台では不服を語らないが、米政府の措置に困惑しているのは間違いない。

こうした外国企業を付き従えた米国の「兵糧攻め」により、中国の半導体産業は外国からの部材や製造装置の調達と技術移転の道を塞がれた。これまでは米国、台湾、韓国、日本など西側の技術力と3～4年の開きがあるとされた中国だが、バイデン政権の戦略で技術格差は少なくとも5～6年に広がったと分析する専門家もいる。中国企業の技術力を過小評価すべきではないが、西側との隔たりを縮めるには中国がこれまで以上の年月を要するのは間違いない。

米国内法「域外適用」が拡大

特に「兵糧攻め」の効果が大きいと考えられるのが、半導体の製造装置の分野だ。高度な半導体を製造するためには高度な製造装置が要る。この業界には、米国のアプライド・マテリアルズ（ＡＭＡＴ）、ラム・リサーチ、オランダのＡＳＭＬ、日本の東京エレクトロン（ＴＥＬ）という日米欧の4強が市場で大きなシェアを占めている。

なかでもＡＭＡＴの存在感は圧倒的といえる。半導体チップの製造は1000以上の工程で構成されているとされ、その多くの工程で同社の製造装置が首位に君臨している。ＴＥＬをはじめ日本のメーカーの競争力は高いが、中心的な工程である「露光」「エッチング」「成膜（ＣＶＤ）」などに注目すると、ＡＭＡＴ、ＡＳＭＬ、ラムと比較して必ずしも互角とはいえない。ＴＥＬ以外の日本の装置メーカーのニコンやキヤノンは、売上高で4強に遠く及ばない。

オランダのＡＳＭＬは、波長が極めて短い「極端紫外線（ＥＵＶ）」を使った露光装置を製造する、世界で唯一のメーカーだ。台湾積体電路製造（ＴＳＭＣ）、サムスン電子、インテルなど世界の有力ファウンドリーは、チップ上の回路の線幅が10ナノメートル（nm、ナノは10億分の1）以下という微細加工の技術を競っているが、ＡＳＭＬのＥＵＶ露光装置がなければ、こうした集積度が高いチップを製造することができない。

世界最高の微細加工技術を持つＴＳＭＣがサプライチェーンのチョークポイントであるのと同様に、ＡＳＭＬもまた強力なチョークポイントを握っている。

バイデン政権は日本政府を通して日本メーカーの協力を働きかけると同時に、オランダ政府とＡＳＭＬにも圧力をかけた。中国の半導体業界は将来的に大きな顧客となることが見込まれるだけに、オランダ側は当初、米政府の要求に抵抗した。米国の陣営に無条件で加わり、欧州の主体性を失いたくないという戦略的な判断も働いていたはずだ。

半導体の地政学的なゲームは、米中欧の3極が主要プレーヤーである。中国が共通の〝敵〟だとしても、米国と欧州との間にも競合関係がある。それは安全保障上の対立が将来的に緩和するシナリオも視野に入れた中国市場をめぐるビジネス面での競争であり、同時に、半導体の技術覇権をめぐる欧州と米国のつばぜり合いとみることもできる。欧州が域内に保持するサプライチェーンの要衝の支配権を米国に明け渡せば、欧州は米国に対する政治的なテコを失ってしまう。とはいえ中国を共通の〝敵〟とする安全保障の論理に逆らうことはできず、オランダ政府とASMLも米国が主導する輸出規制の共同戦線に参画する腹を括った。米政府は下流のチョークポイントであるTSMCに対中輸出規制をかけ、同時に同社の工場を米国内に誘致した。同様にASMLも米国陣営に取り込んだことになる。チョークポイントを1つずつ手中に収め、チェーン全体の支配力を獲得するのが米政府の狙いだと考えるべきだろう。

2 チャイナ・フリーの目算

米国で2022年8月、米国内での半導体の開発・生産に巨額の補助金を投じる「CHIPS・科学法：Creating Helpful Incentives to Produce Semiconductors and Science Act（通称、米半導体法）」が成立した。これまで原則として小さな政府を志向してきた米国だが、輸出規制の厳格化と政府補助金で半導体産業を国家として保護・育成する戦略が始動したといえる。

米政府が企業の経営と市場に積極的に介入する産業政策に舵を切ったことで、グローバル・サプライチェーンの変容は避けられなくなった。サプライチェーンの重要な部分を占める中国の製

[図表1－1] 米国は様々な強制手段をとりそろえる

法律名	管轄省庁	制裁内容
通商法301条	通商代表部（USTR）	不公正国の特定、報復関税
国際緊急経済権限法	財務省	金融資産の凍結、ドル貿易決済の制限
外国投資リスク審査現代化法	対米外国投資委員会（CFIUS）	米国への対内投資の許認可、規制
輸出管理改革法	商務省産業安全保障局（BIS）	敵対する国や企業への輸出制限
個別国対象の制裁法	国務省	イラン、ロシア、北朝鮮などへの禁輸措置
原子力法、核不拡散法	エネルギー省、原子力規制委員会	核に関連する品目・技術の出入制限
愛国者法	各捜査機関、財務省	テロ容疑者の調査、身柄拘束など
武器輸出管理法	国務省防衛取引管理局（DDTC）	武器の輸出入に関わる企業や個人との取引禁止

資料：CISTEC 主任研究員・小野純子氏の協力で作成

造力や市場に依存しない「チャイナ・フリー」の半導体産業を築けるかどうかが、これからの〝西側〟諸国の課題となる。

多様な制裁手段

中国を封じ込めるだけでなく、米国の国内産業の保護手段ともなる輸出規制について、ここでさらに考察してみたい。

米政府には諸外国の企業に影響力を行使する多様な手段がある。ＢＩＳによる輸出規制のほかにも、経済制裁の方法が数多くとりそろえられている。判断基準が不透明な部分もあり、全体像を把握するのは容易ではないが、安全保障貿易情報センター（ＣＩＳＴＥＣ）の協力で、その一部を表にまとめてみた（図表1－1）。対内投資から通貨、関税、武器技術、エネルギー分野まで、幅広い領域で強制手段を用意していることが分かる。

なかでも最も強力な手段は通商法３０１条だろ

［図表1－2］バイデン米政権の対中国半導体政策

2021年2月	半導体など重要部材の供給網の問題点の検討を求める大統領令
2022年5月	日豪などと貿易や供給網での協力を目指す経済圏構想「インド太平洋経済枠組み（IPEF）」発足
8月	半導体の国内生産や研究開発に527億ドルの補助金を投じる法律が成立
10月	半導体先端技術の対中輸出規制強化を発表
11月	ジーナ・レモンド商務長官、日本とオランダが輸出規制で米に「追随する」との見通し表明
12月	中国が米の輸出規制は不当だとしてWTOに提訴
	中国の30超の企業・団体を事実上の禁輸リストに追加

資料：日本経済新聞電子版

う。1990年代の日米貿易摩擦の際に、当時のクリントン政権が貿易管理の法的根拠として多用した。この法律を使えば、不公正な貿易があった場合に、対抗措置として相手国の製品に高率の関税を課すことができる。

一方、トランプ政権は301条に加えて、通商拡大法232条という1962年に制定された古い法律を〝発掘〟した。同法には、国家安全保障を理由にすれば外国製品を市場から排除する強制力がある。しかし、法文に記された「国家安全保障」の定義は明確ではなく、大統領の判断で自由に使える便利な手段だといえる。トランプ政権はこの232条を乱用し、国内産業の保護を意図して、鉄鋼、アルミ製品の輸入に高率な関税を課した。同盟国である日本やEUも例外ではなかった。

ひと言でいえば、米国がその気にさえなれば、あらゆる手段を使って貿易・投資の相手国との商行為を制限することが可能だ。時々の政権の判断次第で、企業のビジネスの論理をはるかに超えた国家の強い意思が働く。

2021年に発足したバイデン政権の通商政策は、トランプ時代の貿易保護主義を基本的に踏襲している。日欧からの批判が大きい前述の232条の適用も全面的には解除しなかった。保護主義への傾斜を明確にしたと同時に、米国の通商政策での〝腕力〟を各国に誇示するメッセージでもある。半導体をめぐるバイデン政権の対中政策の流れを見ると、自由貿易の旗を無言のうちに降ろして中国とのデカップリングに進み、米国主導でハイテク産業の新たな貿易秩序を築く戦略は明らかだ（図表1－2）。

陣営を拡大できるか

とはいえ中国の封じ込めは米国一国では達成できない。共同戦線を張る仲間を集めなければならないが、米国はそのための強力な手段も持っている。

半導体で焦点となった輸出規制に関していえば、いずれも米国の国内法にもとづく措置である。本来であれば米国単独での戦いになるはずだ。だが、現実には米国の国内法が、台湾や日本など米国以外の国・地域にも適用されている。個別の企業にとっては強引ともいえる権力の行使であり、行き過ぎれば他国の法体制への侵害にもつながりかねない。しかし、こうした米国内法の「域外適用」を可能にするロジックは意外に単純だ。

米政府が外国企業に対する経済制裁を数多く手にしていることは前項で記した。その核にあるのが、制裁の対象となる企業・事業体や国・地域、品目などを列挙した「ブラックリスト」である。政府は国際情勢の変化や新たな不正の発見に即応して、日々、リストの改訂を続けている。品目を追加したり削減したりする手続きは基本的に政府内で完結しており、米議会や第三者機関が直接的に関与しているわけではない。

例えばトランプ政権が中国の電子機器メーカーである華為技術（ファーウェイ）の制裁を発動して以来、「エンティティ・リスト（EL）」という用語が報道に頻出するようになった。

ELはブラックリストの代表的な例で、米国の企業や事業体がELに掲載された技術や品目を輸出する場合には、事前にBISに許可申請をしなければならない。BIS（＝米政府・政権）が認めない限り取引は行えず、政権の判断次第で企業の貿易をいかようにも制限することができる。ELに掲載されることは、事実上の禁輸を意味する。

外国企業は法的には直接の対象ではないが、BISの判断に従わざるを得ない。なぜならBISの要請に背いた場合、BISがその企業自体をELに掲載することが理論的に可能だからだ。現実には実行するとは考えにくいが、たとえ同盟国の企業であっても「言うことを聞かないと、どうなるか分かっているだろうな？」と威嚇しているのに等しい。

典型的な例は台湾のTSMCだ。米国の安全保障にとって死活的な技術を持つTSMCは、BISの規制に従って、ファーウェイへの輸出を停止した。さらに米アリゾナ州への工場進出を迫られ、2023年末には米国内での量産を開始することになった。米政府から巨額の補助金が与えられるとはいえ、TSMCが補助金だけを目当てに自主的に判断したわけではない。背景には米政府の強力な圧力があった。

輸出規制のブラックリストと最大の市場を握る米国は、暗黙のうちに外国企業に圧力をかけることができる。その結果として、輸出規制の域外適用や、先端技術の米国内への移転が可能になる。こうして米政府は、経済版の集団安全保障ともいえる手法で中国に対抗する強硬策を推し進めている。

湯水の補助金

半導体の技術をめぐりバイデン政権がとった政策は、中国への輸出規制だけではない。2022年7月に米議会上下両院が可決した半導体法は、同年から5年間で、米国内に半導体工場を誘致する補助金として390億ドルを投じることを定めた。

さらに研究開発への支援を含めると補助金は527億ドルに及び、先駆的な科学分野にも100億ドルをあてる。AIや量子コンピューター、次世代通信規格「6G」などの分野の基礎研究を政府が全面的に支援する。まさに大盤振る舞いである。

バイデン大統領は法案の署名にあたってホワイトハウスで演説し、「米国で一世代に一度の投資になる」と法案の意義を強調した。同時に中国を念頭に「21世紀の競争に打ち勝つため、米国は世界で最も優位になった」と語り、半導体のグローバル・サプライチェーンを米国主導で再編する意欲を示した。

半導体の補助金の対象となるのは、世界の半導体産業の王者である米国のインテルのほか、台湾からアリゾナ州に工場進出したTSMC、テキサス州に新工場を建設する韓国のサムスン電子などの外国企業も含まれる。補助金を受け取る企業は、中国への先端半導体の生産投資を禁じられる。

米政府が国家安全保障を優先して市場原理にもとづく企業の経営判断に介入し、企業の自由な行動を縛ったという負の側面もある。伝統的に「小さな政府」を望む米国の産業界は安全保障重視への政策転換をどう評価しているかを、以下に見ていきたい。

半導体法の成立を受け、米ＩＢＭはニューヨーク州での半導体やＡＩ、量子などの分野の研究開発と製造に、10年間で２００億ドルを投資すると発表した。同社のアービンド・クリシュナ最高経営責任者（ＣＥＯ）は「半導体法から大きな恩恵を受ける」とも述べた。

これを受けてジョー・バイデン大統領はＩＢＭの投資を大いに歓迎する立場を示し、「米国の供給網を損なうような中国への投資をしないようにするのが安全保障だ」と強調した。バイデン政権とＩＢＭは、一心同体で動いているように見える。同大統領は、半導体法の補助金が呼び水となって米企業が国内での投資を拡大することで「供給網が米国で始まり米国で終わるようにする」とも述べた。湯水のような補助金は、民間の投資資金を巻き込んで半導体産業全体に波及している。

ＩＢＭだけでなく、米産業界では新たな投資計画を公表する動きが相次いでいる。半導体大手のマイクロン・テクノロジーはニューヨーク州にメモリー工場を建設し、20年で最大１０００億ドルを投資すると発表。最大手のインテルも半導体工場の新設や生産ラインの拡張に着手した。

インテルはカナダの投資運用会社との提携による「半導体共同投資プログラム（Semiconductor Co-Investment Program）」を発表し、インテルがアリゾナ州チャンドラーで建設中の２つの新工場に最大３００億ドルを共同で投資する。半導体法が定めた政府補助金の総額に匹敵する規模で民間資金を集めることになる。

インテルは半導体法の補助金を最大限に活用する構えだが、それでも投資負担は重い。資産運用会社と組むことで、財務上の負担を軽減する判断があったのだろう。この局面でIBMなどの競争相手に後れをとることはできない。米国の半導体産業のリーダーとして君臨し続けたインテルにとっても、安全保障論の台頭と補助金行政の流れに乗る以外の選択肢はなかった。他の米国の半導体メーカーの判断も同様だろう。

ただ、ここで留意しなければならないのは、補助金の対象を「半導体メーカー」と一括りにはできない点だ。表舞台に登場する企業はインテル、IBM、グローバルファウンドリーズ、マイクロン・テクノロジーなど、製造部門を擁する企業が多い。IBMは量産こそしていないが、ニューヨーク州アルバニーにハードウェアの研究開発の一大拠点を擁し、ここで最先端のチップの製造プロセスを開発してライセンス供与の形で他社に販売している。

米国のメーカーは2000年前後からファブレス化を進め、生産を台湾や韓国のファウンドリーに委託するビジネスモデルが主流となった。エヌビディア、クアルコム、アップル、ブロードコム、アドバンスト・マイクロ・デバイセズ（AMD）など、製造部門を持たないファブレス企業は興隆を極め、グーグル、アマゾン、メタ（旧フェイスブック）など、クラウド事業を展開するプラットフォーマーも、自社用に専用の半導体を自力で開発・設計するようになった。

設計さえできれば、製造をTSMCやサムスン電子に委託すればよい。AMDが製造部門を分社化して誕生したグローバルファウンドリーズや、設計から生産までを一貫して社内で手がける垂直統合の独自路線を歩んだインテルは、グローバリゼーションの波に乗った国際水平分業が進むにつれて成長に陰りが見えるようになった。だが、今回のバイデン政権の補助金は、半導体の製造部門を主な対象としているとみられる。企業からの発表や報道を見る限り、ファブレス企業の名は表面に上がってこない。

半導体法と対中輸出規制という2つの政策に共通する意図は、「設計力」ではなく米国内での「製造力」の復活である。これまで米企業は巨大な設備投資負担を嫌って生産部門を分離し、自社のバランスシートをコンパクト化してきた。この結果、生産部門はコスト安の東アジアに移転していったが、この流れを補助金の力で反転し、製造を米国内に回帰させる狙いがある。

同時に、貿易制限により直接投資や技術移転を規制することで、企業に中国からの脱出を促している。米企業は製造工程のかなりの部分を中国内の自社工場や中国企業への委託生産で国際分業してきたが、政府主導でサプライチェーンを国内に巻き戻したい。

企業の側が望むと望まざるとにかかわらず、政府は補助金をばらまいている。企業としては、補助金を受け取らない手はないが、ただより高いものはない。政府の安全保障政策と歩調を合わせる結果、企業の自由度は失われていく。

アリゾナに新シリコン帝国

米国アリゾナ州では、半導体だけでなく電気自動車（ＥＶ）や精密機械などの先端産業の大型投資が相次いでいる。州都フェニックス周辺で２０３０年までに約70万人の新規雇用が生まれると見込まれ、雇用の磁力の中心に半導体産業がある。

圧倒的な存在感があるのがインテルで、同社はチャンドラー市に米国内で第2の規模となる生産拠点を置く。このほか自動車、産業機械向けのパワー半導体が強いオン・セミコンダクター（元モトローラ）、産業用マイコン、アナログ半導体を得意とするマイクロチップ・テクノロジー、マイコンが主力製品のオランダ企業のＮＸＰセミコンダクターズといった大手メーカーの工場が核となり、部品、素材、製造装置、保守サービス、クリーンルーム建設など無数の関連企業が群生している。

アリゾナ州内には原子力発電所があり、半導体の製造に不可欠な電力供給は安定している。雨量が少ないとはいえ地下水が豊富であり、現在でもシリコンバレーと並ぶ半導体エコシステムがすでに形成されている。政府の補助金に後押しされて、ここにさらに大きなスケールで工場群が建設されることになる。

ファウンドリー世界最大手のＴＳＭＣは20年5月に、総額１２０億ドルを投じてフェニックスに新工場を建設すると公表した。２０２４年内に量産を始め、線幅5ナノメートル（以下、ナノ）の高度な加工技術でウエハーを月産2万枚製造する予定だ。

インテルは21年3月に、２００億ドルを投資して2つの新工場を建設する計画を明らかにした。新工場は24年に操業する。いずれも米政府の補助金に支えられての設備投資である。一方、ＴＳＭＣに次ぐファウンドリー大手である韓国のサムスン電子は、やや遅れて21年11月にテキサス州での工場建設を決めた。投資規模は１７０億ドルに上り、有力な候補地だったアリゾナ州と競う形で最終的にテキサス州を選んだ。韓国第2位のＳＫハイニックスも同様の計画を表明している。

ファウンドリーが立地すれば、渡り鳥の群れのように「随伴投資」が起きる。化学品の分野では、超純度の窒素、酸素、アルゴンなどの産業用ガスを供給する世界大手の英国リンデ、ドイツのメルク、台湾のリットンケミカルなどが代表例だ。日本からは非鉄金属のJX金属、化学品の富士フイルムなどの進出が報じられている。

人材供給や生産コストの面で懸念は残るが、アリゾナを中心としてニューメキシコ、テキサスなど米国の南西部に半導体の一大エコシステムが築かれていくだろう。

3 習近平政権の時間差戦法

2022年2月にウクライナに侵攻したロシアは、米国を中心とする〝西側〟の経済制裁を受け、ドローンやミサイルなどに必要な半導体チップが国内で枯渇したと伝えられる。一方、同じく経済制裁を受けている中国は先端的な技術や製造装置の輸入こそできないが、先端品以外の製造力は着実に増やしている。

先端技術より旧世代チップの生産力を追求

ロシアには、旧ソ連から引き継いだ半導体の技術がある。特に電子機器の頭脳に当たる中央演算処理措置（CPU）の開発では、冷戦時代に西側とまったく異なる論理設計の技術体系を築いていた。その高度な知見とノウハウは、現在の国内メーカーに継承されている。

ウクライナ危機が始まった時点で、有力なロシア半導体メーカーは3社ある。モスクワ近郊にあるバイカル（Baikal Electronics）社、MCST（Moscow Center of SPARC Technologies）社、ミクロン（Mikron Group）社だ。

バイカルとMCSTはCPUの技術を持つが、自分で生産する力がない。製造を委託している先が、台湾のTSMCだった。そのTSMCは経済制裁によりロシア向け生産を停止した。TSMCへの委託ができなくなったロシアに残された道は2つしかない。

1つは、国内に半導体工場を持つミクロン社の生産能力の強化である。だが、同社の技術は回路線幅2ナノを開発したTSMCとは比較にならないほど低い。2020年の時点で65ナノ程度だと推測され、先端的な武器や情報機器の需要を満たせるとは考えにくい。

だが、もう1つの道である中国企業への生産委託は可能だ。ロシア側の貿易統計から半導体の国別の輸入額を年ごとに追うと、中国からの輸入が2016年から大幅に増え、18年以降は台湾からの輸入を次第に引き離していることが分かる。

さらに詳細に中国、台湾の輸出の側から月別で見ると、ウクライナ危機が起きた20年2月を境に中国からロシアへの輸出が一気に跳ね上がっている（章トビラデータ）。

輸出入の統計は国によって数値の取り方が違うため、実際の正確な数値は把握しにくいが、少なくとも半導体をめぐるロシアの輸出入の傾向は読み取れる。経済制裁を受けて、ロシアが調達先を台湾から中国に切り替えたのは明らかだ。結果としてロシアの中国への依存は、一気に高まった。

中国の国策ファウンドリーである中芯国際集成電路製造（SMIC）の技術力は、台湾TSMCや韓国サムスン電子に遠く及ばないが、上海、北京、深圳、天津などに巨大な工場を次々と建設し、着実に実力をつけているのは間違いない。ロシアのCPUは、最も新しいモデルでも回路線幅16ナノの設計だとされる。このレベルなら中国のSMICでも十分に量産できる。この状況は、中国がロシアに対して政治的にも優位になったことを意味する。

膨らむレガシー領域への投資

中国の技術力を論じるとき最先端の数字に目が行きがちだが、レガシー（遺産）と呼ばれる旧世代の半導体チップの生産力も注視しなければならない。経済制裁を境に、中国企業がナノの数字が大きいレガシー領域の設備投資に莫大な資金を注ぎ始めたことを示唆する、日本政府の内部資料がある。

例えば経済政策によりSMICの設備投資額は劇的に変化し、日本政府の関係者によると、先端品の14～16ナノでは2020年の投資額は推計約35億ドル（約4050億円）だったが、制裁を受けた21年には3分の1以下の10億ドル弱まで激減した。

だが、対照的に、レガシー領域は急速に増加している。28～39ナノは33億ドル（20年）から55億ドル（21年）、62億ドル（22年見込み）へと約2倍に膨らんでいる。生産能力も同様で、先端

［図表１－３］国内半導体装置の市場規模は10年で倍増する見通し

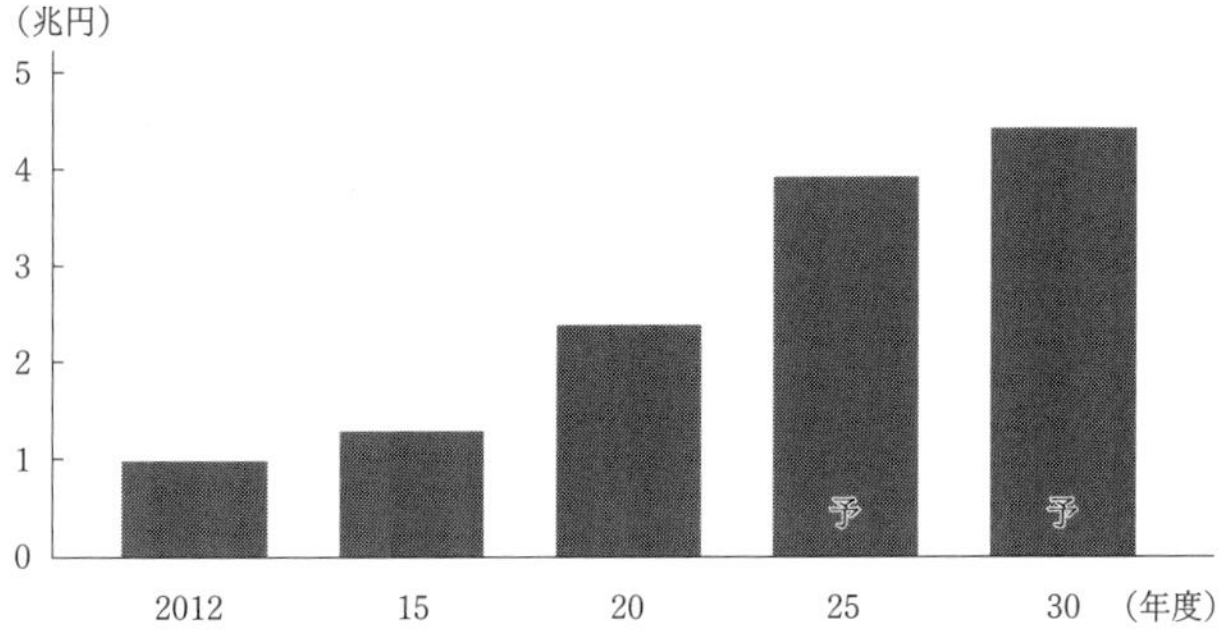

資料：経済産業省

の14～16ナノは月産10万枚（２００ミリメートル換算のウエハー枚数）以下で停滞。これに対し、レガシーの17～27ナノは20年が90万枚、その後１１５万枚、１３０万枚へと毎年２ケタの伸びを見せている。より線幅が大きい28ナノ以下では、毎年３～４割増とさらに増加率が高い。

すなわちナノの数字が大きく、難度が低い製品であるほど、投資額、生産能力ともに伸びていることになる。中国は先端領域を見切り、あえて前世代の技術に戻ろうとしているかのようだ。

世界の需要を観察

世界の半導体需要のほとんどはレガシーの領域にある。２０２１年に半導体不足で世界中の自動車・家電メーカーが悲鳴を上げたのは、技術的には10ナノにも至らない汎用品の在庫が枯渇したためだった。中国は世界の需要を冷静に観察している。

設備投資の成果として、数年後には、低価格で品質もよいレガシー半導体が世界市場にあふれ出るだろう。製造業で最も必要なのは、モーターを制御するパワー半導体、センサー、アナログ素子などだ。線幅は28、40、65ナノにすぎない。需要のボリュームゾーンは、EVが普及し、データセンターが林立しても変わらない。

かつて鉄鋼や液晶パネルでも同じ現象が起きた。日本企業は品質で勝るが、中国の圧倒的な生産力に敗れ、世界市場での存在感は衰えていった。

半導体はレガシー技術であれば安全保障の網にかからず、中国メーカーはほぼ自由に世界に輸出できる。〝西側〟陣営は注目されやすい微細加工の技術動向だけでなく、中国発で価格破壊が起きるリスクを視野に入れておくべきだろう。

4 リカード理論は死んだのか

2017年1月にドナルド・トランプが第45代の米大統領に就くまで、デヴィッド・リカードは世界の通商政策のヒーローだった。1800年代に経済学の世界で活躍し、のちにグローバリゼーションの理論的な支柱となった「比較優位説」を主張した英国の経済学者である。その栄光は経済安全保障論の台頭で色あせてしまったように見える。市場競争と自由貿易を重んじるリカードの理論は死んだのだろうか。

自由貿易から経済安全保障へ

自由貿易の考え方が広まったのは、産業革命の波の次に訪れた第2次グローバリゼーションの時期だった。現代の経済安全保障論とは逆の方向を向いている。互いの信頼関係ではなく、自分の国家の安全と利益を優先し、相手国は信用できないという懐疑から出発するためだ。

米国と中国という2つの超大国の信頼関係が崩れ、米国は対中制裁と輸出規制を強化した。以来、通商政策の分野で「地政学」がキーワードとなる。米国と連動して欧州各国、日本、かなりの数の新興国が中国との対立を深めた。中国は、「一帯一路」構想や「中国製造2025」などの国家方針で米国やその経済的な同盟諸国への対抗姿勢を強めた。敵愾心《てきがいしん》ばかりが膨張し、不信が雪だるま式に大きくなっていく。

自由貿易の番人とされる世界貿易機関（WTO）は、誰かが信頼を裏切り、「あと出しジャンケン」をしていないかを見張る役割を担っていた。しかし、自由貿易の恩恵を享受しながら自国は市場を開放しない中国のフリーライド（ただ乗り）が明確になり、これを受けて信頼関係を担保していた米国が多国間の枠組みに背を向けたことで、WTOはますます存在感が希薄になった。大国が主導する他国への市場開放の圧力は弱まり、このまま経済安全保障を優先する流れが変わらない限り、世界経済が分断（デカップリング）に向かうことは避けられない。

半導体を代表に国家安全保障のカギを握る産業のサプライチェーンは、自分の国境の内側に囲い込むしかない。WTO協定は、関税など貿易を阻む壁を低くする義務を世界の約160カ国に課している。だが、ルールを適用する対象から「安全保障上の懸念がある場合」が外されている。平和な時代には見逃されていた小さな例外条項だが、トランプ前米大統領が経済制裁の武器を振り回し始めて以来、この条項が自由貿易の大きな抜け穴であることが明らかになった。

お互いを必要とする経済的な関係が、戦争を起こさないための「抑止力」として働くはずだという楽観的な期待を、多くの国が抱いていた面は否めない。しかし、自由貿易による紛争抑止は幻想だったといえるのではないだろうか。ウラジーミル・プーチン大統領のような独裁者に経済の常識は通用しなかった。習近平政権についても同様の見方ができるだろう。

ロシアや中国などの大国で強権的な政治指導者が現れると、世界の地図は一気に塗り替わる。他の国々も何らかの方法で対抗せざるを得ないからだ。貿易で経済が豊かになる自由貿易の夢よりも、人間の命が関わる安全保障の現実の方が、優先すべき命題であるのは明らかだ。

米国をはじめ大国が自国優先主義に傾く原因が、グローバリゼーションそのものにあったと指摘する声もある。自由化で外国製品が流入したことで、国内での所得格差が広がる。その結果、グローバリゼーションの恩恵を受けていないと感じる人々が、「米国第一」を掲げるトランプ氏のような政治家を出現させるという見方だ。

相手になぐりかかられたら、身を縮めて自分を守るか、あるいは相手をなぐり返すしかない。こうして負の連鎖が起きてしまい、グローバリゼーションの理想が打ち砕かれて、「開放」ではなく「排除」の論理が強くなっていく。世界の歴史は、今この地点まで来ているのではないだろうか。力と力がぶつかり合う時代の到来である。筆者には、グローバリゼーションの終焉とデカップリングが不可避の、歴史的な状況が生まれつつあるように思える。

台頭する通商武装論

日本では2022年5月に、経済安全保障推進法が通常国会で成立した。「通商武装論」が世界に広がりつつあるように見える。一方で、経済安全保障のブームが燃えさかるばかりで、肝心の経済安全保障の概念の定義はあいまいなままだ。

身を守る防衛力としての経済安保だけでなく、相手を攻撃するための経済安保にまで、世界が突き進む恐れはないだろうか。その延長線上にあるのは、新たな東西対立が深まり、先進国と途上国の格差も広がる、平和とはほど遠いポスト・グローバリゼーションの世界の姿である。

【参考文献】

（日本語）

ＣＩＳＴＥＣ事務局（2022）「米国による対中輸出規制の著しい強化について」『ＣＩＳＴＥＣジャーナル』№.202、安全保障貿易情報センター（ＣＩＳＴＥＣ）
太田泰彦（2021）『2030半導体の地政学』日本経済新聞出版
――（2022a）「半導体の地政学」『戦略研究31』芙蓉書房出版
――（2022b）「経済安全保障でグローバリゼーションが終わる」日本経済新聞社編『これからの日本の論点2023』日本経済新聞出版

岸本喜久雄、西村秀隆、森田健太郎、鈴木茂雄（2021）「グローバルな半導体競争――エコシステム確保をかけて」新エネルギー・産業技術総合開発機構（ＮＥＤＯ）技術戦略研究センター（ＴＳＣ）
牧本次生（2021）『日本半導体　復権への道』ちくま新書
宮本雄二、伊集院敦、日本経済研究センター編著（2020）『技術覇権　米中激突の深層』日本経済新聞出版
宮本雄二、伊集院敦、日本経済研究センター編著（2021）『米中分断の虚実』日本経済新聞出版

（英語）

Antonio Varas, Raj Varadarajan（2020）“How Restrictions to Trade with Chine Could End US Leadership in Semiconductors,” Boston Consulting
Chris Miller（2022）*CHIP WAR. The fight for the world's most critical technology,* Simon&Schuster
Rick Schafer, Param Singh, Wei Mok（2020）“Semiconductors: Technology and Market Primer11.0” Openhaimer Equity research

第2章

デカップリング対応を模索する中国

習近平政権の経済安保政策

真家陽一
名古屋外国語大学教授
日立総合計画研究所リサーチフェロー

中国の輸入上位10品目（2022年）

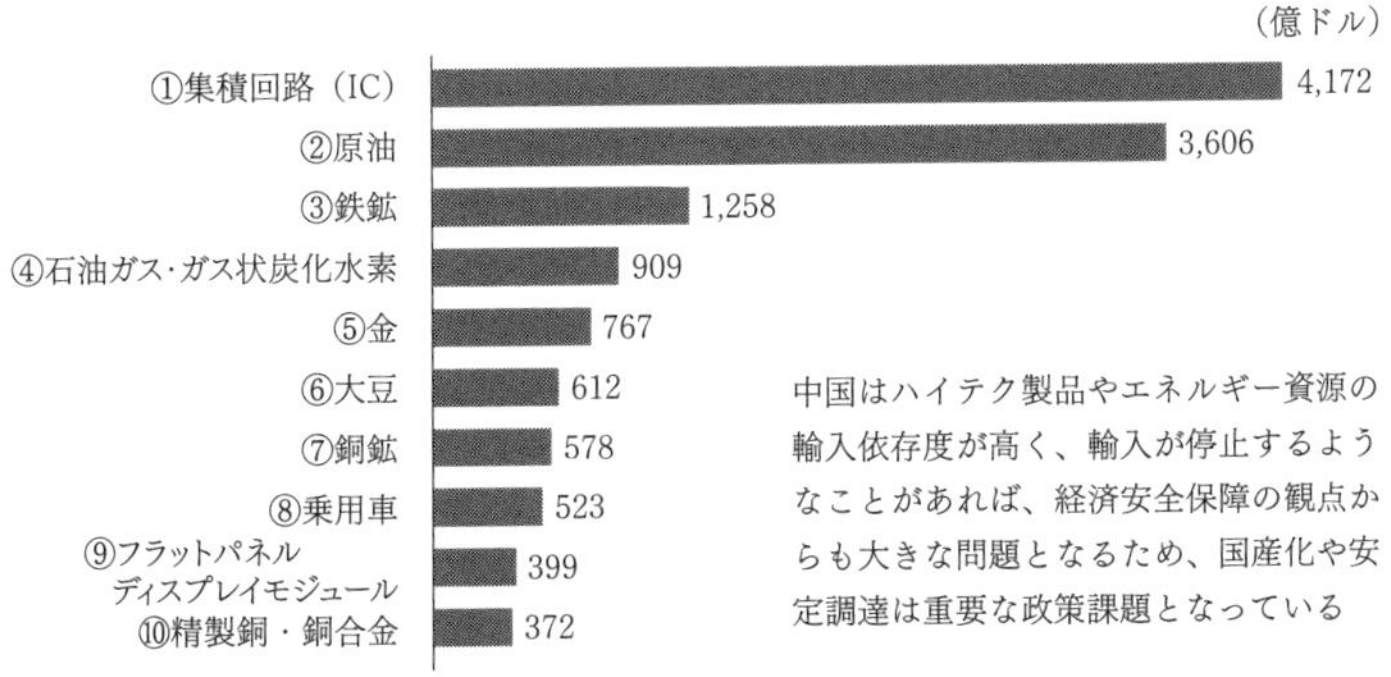

中国はハイテク製品やエネルギー資源の輸入依存度が高く、輸入が停止するようなことがあれば、経済安全保障の観点からも大きな問題となるため、国産化や安定調達は重要な政策課題となっている

注：HSコード4桁ベース
資料：IHS Markit, Global Trade Atlas をもとに筆者作成

Point

- 習近平国家主席は2014年4月、安全保障の基本概念となる「総体国家安全観」を提起した。これを受けて15年7月、実施体制の法的確立を目的とした国家安全法が施行され、以後、中国は安全保障の強化に邁進した。経済安全保障面では輸出・投資規制が強化されたほか、データ分野でも法整備が進展した。
- 米国との対立激化や新型コロナウイルスの感染拡大などの危機は、中国が安全保障をさらに強化する契機となった。第14次5カ年計画（2021〜25年）では主要指標に安全保障の項目が新設されたほか、経済安全保障面では、特に注力する分野として、食糧、エネルギー資源、金融の3項目が掲げられた。
- 2022年10月に開催された第20回党大会で3期目続投が決定した習主席は、今後も安全保障を重視していく方針を示しており、規制のさらなる強化が見込まれる。他方、米国の規制強化を受けて、先端半導体の国産化が難航するなど、デカップリング（分断）が中国の経済発展を制約するリスクとなりつつある。

1　はじめに──基本概念「総体国家安全観」の提起

「（総書記に就任した）10年前、長期にわたって蓄積された、あるいは新たに表面化した矛盾や問題を早急に解決しなければならなかった」。2022年10月16〜22日に北京市で開催された中国共産党第20回全国代表大会（第20回党大会）において、3期目続投が決定した習近平総書記（国家主席）は、初日に行った「報告」において、こう回顧した。

習主席は矛盾や問題の1つとして「国家安全保障は厳しい課題に直面していた」と指摘。「制度は完全でなく、様々な重大リスクへの対応力が弱く、国防現代化には多くの欠点や弱点が存在していた」との見解を示した。

そのうえで習主席は過去10年間の成果として、「『総体国家安全観』を貫徹し、指導体制および法治・戦略・政策体系が整備されたことで、国家安全保障が全面的に強化された」ことを強調した。この「総体国家安全観」とは、習近平政権の安全保障における基本概念であり、14年4月15日に開催された中央国家安全委員会第1回会議で提起された。同会議を主宰した習主席は「国家安全保障における新たな変化の特徴と趨勢を正確に把握し、『総体国家安全観』を堅持し、中国の特色ある国家安全保障の道を歩むべきだ」と主張したうえで、「政治、国土、軍事、経済、文化、社会、科学技術、情報、生態、資源、核などが一体となった国家安全保障体系を構築しなければならない」と述べた。

習近平政権の第1〜2期（2012〜22年）は安全保障の強化に邁進した10年だったとも総括できるが、この間、中国の安全保障政策、とりわけ経済安全保障政策はいかなる進展を見せてきたのであろうか。そして、3期目がスタートした習近平政権はどのような方向性を目指しているのであろうか。

本章はこうした問題意識の下、まず、習近平政権の過去10年にわたる安全保障強化に向けた動向について、経済安全保障を中心に整理する。次に、「第14次5カ年計画（2021〜25年）および2035年までの長期目標要綱」をもとに、中国の経済安全保障政策の重点を概観する。また、経済安全保障において焦点となっているデカップリング（分断）に備えた中国の取り組みを確認する。そして、これらの検証を踏まえたうえで、第20回党大会における習主席の「報告」から今後の方向性を読み解くことで、経済安全保障を中心とした中国の安全保障政策を包括的に考察していく。

2 安全保障強化に邁進する中国

まず、習近平政権の過去10年にわたる安全保障強化に向けた動向について、経済安全保障を中心に整理する。

実施体制の確立に向けて国家安全法を施行

総体国家安全観の提起を受け、その実施体制の法的確立を目的とした「国家安全法」が2015年7月1日に開催された第12期全国人民代表大会常務委員会第15回会議において採択され、即日施行された。

同法は全7章84条で構成され、第1章「総則」において、国家安全法は「国家安全保障および人民民主専政政権と中国の特色ある社会主義体制を守り、人民の基本的利益を保護し、改革開放と社会主義現代化の進行を確保し、中華民族の偉大な復興を達成するために、憲法にもとづいて制定された」としている（第1条）。

また、国家安全保障とは「国家の権力・主権・統一と領土の一体性、国民の福利、持続可能な経済社会の発展ならびに国家の重要な利益に相対的に危険がなく、内外からの脅威を受けない状態およびその安全な状態を持続的に保障する能力を指す」と規定している(第2条)。さらに、「(習主席が総体国家安全観を提起した)4月15日を全国民国家安全保障教育日にする」ことを定めている(第14条)。

中国の国家安全保障は現在、習主席が中央国家安全委員会第1回会議で提起した11項目に加えて、海外利益、生物、宇宙、極地、深海も含めた16項目が基本的内容とされている。このように中国の安全保障の概念は様々な分野を念頭に置いており、範囲が非常に広いことには留意しておく必要がある。

安全保障をめぐり米中対立が激化

国家安全法の施行以降、中国が安全保障強化にさらに注力する嚆矢《こうし》となったのが、米国との対立激化だ。国際通貨基金(IMF)によれば、2001年の世界貿易機関(WTO)加盟時に米国の12・6%にすぎなかった中国の名目国内総生産(GDP)は、WTO加盟を契機に急速に拡大し、10年には米国の40・1%と4割を超え、日本を抜いて世界第2位の経済大国に躍進した(図表2－1)。14年には60・0%と6割に達したが、米国はこの頃から中国の台頭が自国の安全保障を脅かす可能性があることに警戒感を示すようになる。

他方、中国は2ケタの経済成長率が続く高度成長の段階を2010年に終え、11年以降は伸び率が1ケタ台に低下する安定成長の段階に入っていた。

こうしたなか、中国は国家戦略「中国製造2025」を15年5月19日に公表。次世代情報技術

［図表2－1］米国と中国の名目国内総生産（GDP）の推移

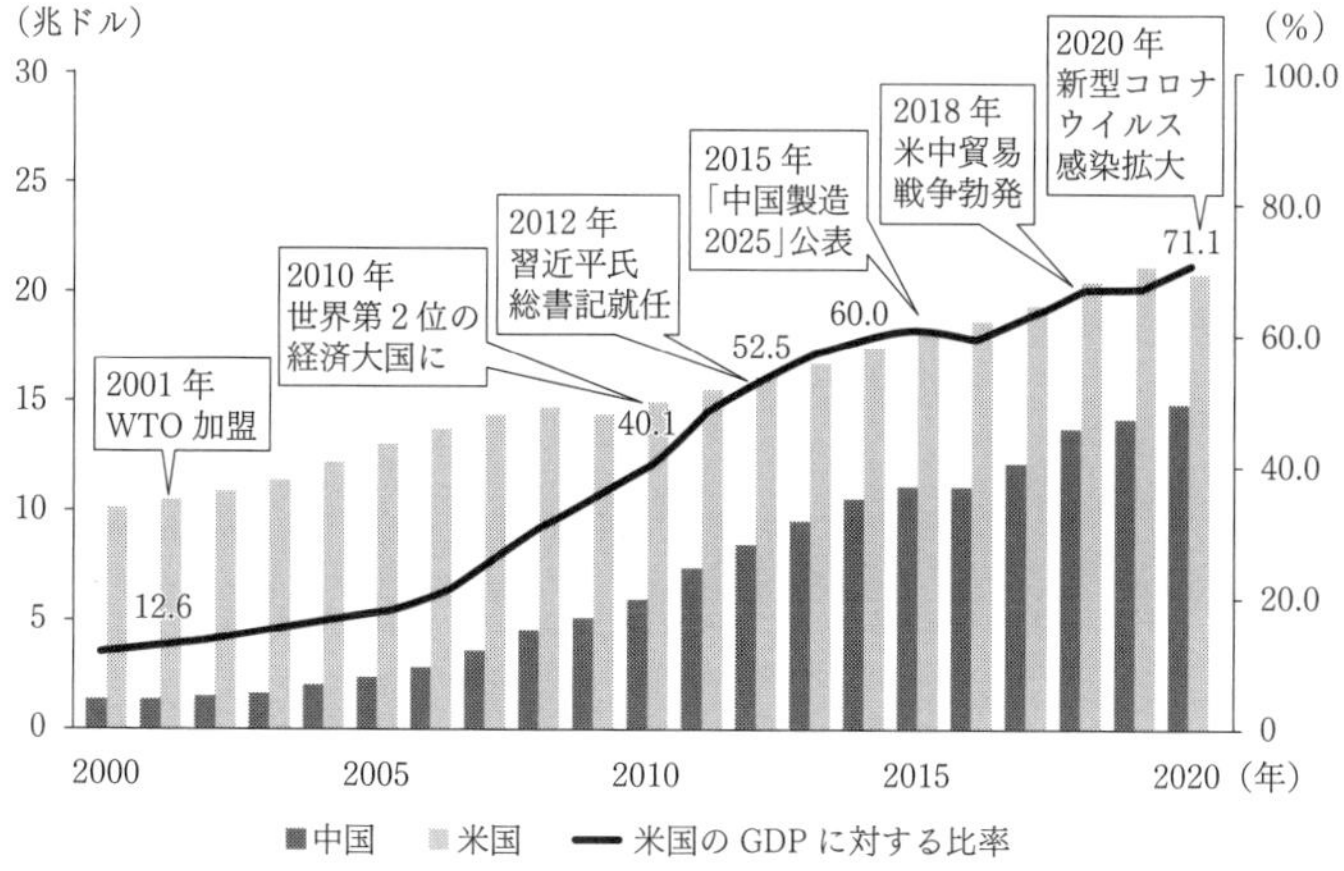

注：左軸はGDP額、右軸は米国のGDPに対する中国の比率

資料：IMF, World Economic Outlook Database（2022年10月）をもとに筆者作成

産業をはじめとする重点10分野を政府の肝いりで育成し、2025年までの10年間で製造業の全体的なレベルを大幅に引き上げ、「製造強国」の仲間入りを果たすことを目標として掲げた。「中国製造2025」が策定された背景には、先端技術やIT（情報技術）関連の製品の多くを輸入に依存せざるを得ない貿易構造を改善し、安全保障上の観点からもこれらの国産化を急ぎつつ、製造業の強化を図ることで「中所得国の罠」を回避したいという中国政府の思惑があった。(1)

　こうした中国の動きに対し、17年1月に発足

（1）中所得国の罠とは、開発途上国が低賃金という優位性を生かして高成長を続け、中所得国の水準まで発展した後、人件費の水準が高まる一方、産業高度化が伴わないことで、国際競争力を失って経済発展の停滞が続く状態を指す。

したトランプ政権は、「中国製造２０２５」が中国企業の占めるべきシェアなどの数値目標を掲げながら、半導体や高速通信規格「５Ｇ」など、軍事転用にもつながる技術開発に力を入れる方針を示したことで、自国のハイテク産業や安全保障上の優位性を脅かされることに危機感を抱いた。

そこで、ハイテク産業に巨額の補助金を投じる政策は競争上不公正と強く批判し、政策の是正を求めて、18年7月6日に通商法３０１条にもとづく制裁措置を発動。第1弾として、中国からの輸入品３４０億ドル相当に25％の追加関税を賦課した。これに対して、中国も同日、報復措置として米国からの輸入品３４０億ドル相当に追加関税を賦課した。

米中両政府は翌8月23日に第2弾、9月24日に第3弾、19年9月1日に第4弾の追加関税を賦課し合い、まさに「貿易戦争」ともいえる様相を呈した。その後、米中両政府は20年1月15日に米中経済・貿易協定に署名し、貿易戦争はひとまず「一時休戦」に入った。

しかし、一難去ってまた一難。新たなリスクとして顕在化したのが、20年1月下旬からの新型コロナウイルス（以下、新型コロナ）の感染拡大だった。窮地に立たされた習近平政権は厳しい防疫措置を敷いて対応したことで、新型コロナの感染者数は2月中旬をピークに減少へと転じるに至った。

米中対立・新型コロナを教訓に安全保障を強化

米中対立の激化や新型コロナの感染拡大などの危機を踏まえ、２０２０年4月10日に開催された中央財経委員会第7回会議での講話において、習主席は「国家中長期経済社会発展戦略」を提起し、①内需拡大戦略の実施、②産業チェーン・サプライチェーンの最適化・安定化、③都市化戦略の整備、④科学技術の投入および産出構造の調整・最適化、⑤人と自然の調和・共生の実現、⑥公衆衛生体系建設の強化――の6点を重大問題として指摘した。

このうち、米中対立の観点から注目されるのが、①②および④である。これら3つの問題は米中対立から得た教訓であり、デカップリングに備えるべく、内需拡大への転換加速、産業チェーン・サプライチェーンの再構築、技術の国産化の推進により、対米依存の抑制を模索する方向性がうかがえる。

米中対立で改めて明らかになったことは、グローバル・サプライチェーンのなかで、中国は大量生産が可能な産業基盤という強みを保持する一方、半導体等の先端部品やコア技術を国外に依存するという弱みを抱えていることだ。

こうした現状を踏まえ、講話は長所を伸ばすべく、「優位産業が世界をリードする地位を強化・向上させ、『切り札』技術を鍛え、高速鉄道、電力設備、新エネルギー、通信設備などの分野における全産業チェーンの優位性を持続的に増強し、産業の質を向上させ、国際産業チェーンの中国に対する依存関係を強化し、外国側の人為的な供給遮断に対して強力な対抗・抑止能力を形成する」と強調した。

他方、講話は弱点を補完すべく、「国家安全保障に関係する分野において、自主制御可能で、安全かつ信頼できる国内生産供給体系を構築し、肝心なときに自己循環可能で、極端な状況下でも経済の運営を確保する」という方針を示した。

対外開放と輸出・投資規制強化を推進

こうした方針の下、産業チェーン・サプライチェーンを再構築するために必要とされたのが、攻めの観点では、自由貿易協定（ＦＴＡ）の締結によるハイレベルな対外開放の推進だ。この一環として、中国は２０２０年11月15日に東アジアの地域的な包括的経済連携（ＲＣＥＰ）協定に署名。ＲＣＥＰは22年1月1日から発効した。また、21年9月16日には環太平洋経済連携協定（ＴＰＰ）に加盟申請したことを公表した。加えて、ＦＴＡには該当しないが、中国は21年11月1日、「デジタル経済パートナーシップ協定（ＤＥＰＡ）」へ加盟申請を行ったことを公表した。[2]

この背景には、デジタル経済に関する世界初の単独協定となるＤＥＰＡへの加盟を通じて、デジタル分野でのルール形成において主導権を握るという思惑があるとみられる。加えて、ＤＥＰＡ加盟3カ国はいずれもＴＰＰ加盟国であり、中国がすでに申請したＴＰＰでの加盟交渉も視野に環境整備を図るという、いわば「一石二鳥」の効果も狙って戦略的な観点から加盟を決断したと考えられる。

他方、守りの観点では、米国等が技術的な優位性を維持すべく、輸出・投資規制の強化に動くなか、中国は対抗措置として関連の法整備を推進している。

20年9月19日には「信頼できないエンティティ（事業体）リスト規定」を公布し、正常な市場取引の原則に違反して、中国企業等との取引を中断、または差別的な措置を取り、深刻な損害を与えた外国企業等をリストに登録し、貿易・投資を禁止・制限することを定めた。

12月1日には「輸出管理法」を施行し、軍用品やデュアルユース（軍民両用）品目等、対象となる「管理品目」を定めるとともに、国家の安全保障や利益に危害を及ぼす可能性のある輸入者およびエンドユーザーを「規制リスト」に登録し、管理品目の取引を禁止・制限する措置を打ち出した。

21年に入り、1月9日には「外国法・措置の不当な域外適用を阻止する弁法」を施行し、米国の輸出管理規則が管轄権の及ばない他国・地域の取引にも域外適用されていることを念頭に、必要な対抗措置を講じることを規定した。また、1月18日には「外商投資安全審査弁法」を施行し、国家の安全保障に関わる外国企業の投資を実施前に中国当局に申告することを義務づけた。

さらに、6月10日には、外国からの制裁に対する中国の対抗措置を定めた「反外国制裁法」を施行した。同法では「外国が国際法および国際関係の基本準則に違反して中国公民および組織に対して差別的な制限措置を講じ、内政に干渉する場合、中国は相応の対抗措置をとる権利を有すること」などが定められた。

（2）DEPAはシンガポール、チリ、ニュージーランドの3カ国が2020年6月に調印したデジタル分野に特化した協定。

データ分野でも法整備が進展

中国が経済安全保障の観点から重視する分野の1つが、「21世紀の石油」とも称され、デジタル経済の発展において必要不可欠な「データ」であり、関連の法整備も進展している。

2017年6月1日にはインターネット分野のセキュリティに関する基本法となる「サイバーセキュリティ法」を施行し、①データローカライゼーション（中国国内で収集・発生した個人情報および重要データの国内保存）、②越境制限（国外に提供する場合は、規則に従って安全評価を実施）、③ガバメントアクセス（公安機関および国家安全保障機関が行う安全保障・犯罪捜査活動に対する技術的支援・協力の提供）を義務づけた。

また、サイバーセキュリティ法の確立を図るべく、21年9月1日にはデータの安全保障や開発利用の促進を目的とした「データセキュリティ法」を施行し、国家の安全保障および利益の保護などに関連するデータに対して輸出管理を実施することや、差別的な禁止・制限措置を講じた場合、当該国・地域に対して対等の措置を講じることを定めた。さらに、11月1日には個人情報の保護や利用のルールを定めた「個人情報保護法」を施行し、該当する事由を備える場合、域外適用や国内保存を義務づけることを規定した。中国はこれらの法律を3本柱として、データ主権の確立を図っていく方針を打ち出している。

ここまで概観してきたように、中国においては、経済安全保障に関わる各分野で規制強化が急速に進展している。違反した場合の厳しい罰則規定も設けられており、例えば、商務部は202

3年2月16日、国家の主権・安全・発展の利益を守るため、台湾への武器売却に関与している米国のロッキード・マーチンとレイセオン・ミサイルズ・アンド・ディフェンスの2社を「信頼できないエンティティ・リスト」に登録したと発表。

規定施行以降、初のリスト登録となった両社には①中国との輸出入の禁止、②中国国内での新規投資の禁止、③企業幹部の中国入国の禁止、④中国国内での業務許可・滞在・在留資格の取り消し、⑤台湾への武器売却契約金額の倍額の罰金――といった処罰が科されることとなった。日本企業には、一連の法規制に対するコンプライアンスに細心の注意を払うことが求められている。

3 中国の経済安全保障政策の重点

国家中長期経済社会発展戦略で打ち出された方向性を踏まえ、2021年3月に北京市で開催された第13期全国人民代表大会第4回会議（全人代、国会に相当）において今後の経済社会政策の基本方針を示す「第14次5カ年計画（2021～25年）および2035年までの長期目標要綱」（以下、要綱）が採択された。ここでは要綱をもとに、中国の経済安全保障政策の重点を概観する。

平安中国の建設に向けて発展と安全保障を統合

要綱は全19編65章で構成されているが、国家中長期経済社会発展戦略で打ち出された方向性が高い優先順位で反映されている。

第2編「イノベーション駆動型発展による新たな発展の優位性の全面的形成」では、中国の現代化建設におけるイノベーションの核心的地位を堅持し、科学技術の「自立自強」を国家発展の戦略的支えとし、科学技術強国の建設を加速することが打ち出されている。

次いで、第3編「現代産業体系の発展加速による実体経済基盤の強化・拡大」では、経済発展の力点を実体経済に置くことを堅持し、製造強国・品質強国建設の推進を加速し、現代産業体系を構築することが挙げられている。

また、第4編「強大な国内市場の形成による新たな発展構造の構築」では、内需拡大という戦略的基点を堅持し、国内大循環を主体とし、国内・国際の「双循環」が相互に促進する新たな発展構造の構築を加速することが強調されている。

さらに、第5編「デジタル化発展の加速によるデジタル中国の建設」では、デジタル時代を迎え、データ要素の潜在力を活性化し、デジタル経済・社会・政府の建設を加速することが謳われている。

安全保障は第15編「発展と安全保障の統合によるハイレベルな平安中国の建設」に掲げられており、「総体国家安全観を堅持し、国家安全保障戦略を実施し、伝統的安全保障と非伝統的安全保障を統合するとともに、安全保障を国家発展の各分野および全過程に貫徹し、中国の現代化プロセスに影響を及ぼす様々なリスクを防止・解消し、強固な国家安全保障を構築する」ことが政策の方向性として示されている。

この一環として、第14次5カ年計画の主要指標において安全保障の項目が新設され、2025年までに食糧総合生産能力を6・5億トン以上、エネルギー総合生産能力（石炭、石油、天然ガス、非化石エネルギー生産能力の合計）を46億トン（標準炭換算）以上とすることを、拘束性指標（政府や行政各部門が達成義務を負う指標）として定めている。

経済安全保障の重点は食糧・エネルギー資源・金融

経済安全保障については、第15編第53章「国家経済安全保障の強化」に位置づけられており、「経済安全保障上のリスクに対する早期警戒・防止・管理メカニズムおよび能力構築を強化し、重要産業、インフラ、戦略的資源、重大科学技術などの主要分野の安全管理を実現し、食糧、エネルギー、金融などの分野における安全保障能力を向上する」ことが基本方針として示されている。

第53章では、注力する分野として、食糧、エネルギー資源、金融の3項目が掲げられており、第1節「食糧安全保障戦略の実施」では、食糧の絶対的安全保障、穀物の基本的自給、重要農産物・副産物の十分な供給を確保することや、重要農産物の国際協力を積極的に展開し、輸入先の多元化を推進していくことなどが謳われている（図表2－2）。

また、第2節「エネルギー資源安全保障戦略の実施」では、安全保障の多元化、備蓄の強化を堅持し、石炭供給の安全保障の徹底、石油・ガスの自己保障による確保、電力供給の安定性・信

［図表２－２］「発展と安全保障の統合によるハイレベルな平安中国の建設」の構成

第52章	国家安全保障体系と能力構築の強化		
第53章	国家経済安全保障の強化	第１節	食糧安全保障戦略の実施
		第２節	エネルギー資源安全保障戦略の実施
		第３節	金融安全保障戦略の実施
第54章	公共安全保障能力の向上	第１節	安全生産水準の向上
		第２節	食品・医薬品の安全管理の厳格化
		第３節	バイオセーフティリスクの予防・抑制の強化
		第４節	国家緊急事態管理体系の整備
第55章	社会の安定・安全の維持	第１節	社会矛盾総合管理メカニズムの整備
		第２節	社会治安管理体系の現代化の推進

資料：「第14次５カ年計画および2035年までの長期目標要綱」（2021年３月）をもとに筆者作成

頼性を実現していくことや、石油・ガスの輸入先を多角的に開拓していくことなどが打ち出されている。

さらに、第３節「金融安全保障戦略の実施」では、金融リスクの予防・早期警戒・処理体系を整備し、システミックリスクの発生を回避することや、重要な金融機関等の監督管理を強化するとともに、金融業界の情報化におけるコア技術の安全管理を推進し、金融インフラの安全を維持することなどが提起されている。

加えて、第53章では「経済安全保障プロジェクト」として、①食糧備蓄施設、②石油・ガスの探査・開発、③石炭液化基地、④電力安全保障、⑤新たな採鉱ブレークスルー戦略行動、⑥緊急対応能力の向上――という６つのプロジェクトを推進していくことも定められている（図表２－３）。

中国の経済安全保障は政策体系上、食糧・エネルギー資源・金融が３本柱となっているわけだが、中国はなぜこの３分野を重視するのであろうか。その示唆となるのが、李克強首相（当時）が２０２２年６月21日に河北省

[図表2－3] 第14次5カ年計画における経済安全保障プロジェクト

	プロジェクト名	主な内容
①	食糧備蓄施設	●高基準で環境に配慮した食糧倉庫を建設 ●大型食糧物流拠点を統合し、緊急配送・流通チャネルの連携能力を向上
②	石油・ガスの探査・開発	●重点地域での石油・ガス探査・開発を強化し、従来の油田地域の生産量を安定させ、四川省・重慶市で天然ガス生産基地を建設 ●シェールガス・シェールオイルの探査・開発を推進 ●南シナ海などにおける天然ガスハイドレートの試験採掘を実施
③	石炭液化基地	●石炭液化戦略基地の建設を推進し、生産能力と技術の蓄積を確立
④	電力安全保障	●強固な地域電力網を敷設し、重要需要家のための地域支援電源と緊急保安電源を建設 ●電力緊急指令システム、大型水力発電所の安全・緊急管理プラットフォームを建設 ●電力業界向けのネットワークセキュリティシミュレーション検証環境およびネットワークセキュリティ状況認識プラットフォームを構築
⑤	新たな採鉱ブレークスルー戦略行動	●基礎的な地質調査を実施し、石油、ガス、ウラン、銅、アルミニウムなどの採鉱有望地域を100－200カ所選定し、商業採鉱の対象地域を200－300カ所提出
⑥	緊急対応能力の向上	●地域緊急救援センターと総合緊急訓練基地を6カ所建設 ●救援設備の現代化を推進し、中央と地方の総合緊急物資備蓄庫を整備し、緊急物資物流基地を建設 ●原子力・放射線緊急モニタリング物資備蓄庫を3カ所建設

資料：「第14次5カ年計画および2035年までの長期目標要綱」(2021年3月）をもとに筆者作成

を視察した際の発言だ。

李首相は「食糧供給は中国の物価安定にとって極めて重要」と指摘しつつ、「経済運営を合理的な範囲内に維持するうえで、雇用と物価は重要な2つの指標であり、物価安定の基盤は食糧とエネルギーである。加えて重要なのがインフレ防止であり、その対応には柔軟な金融政策が不可欠」との見解を示した。李首相の発言から、中国政府は経済運営の安定という観点から、経済安全保障をとらえていることがうかがえる。

4 経済安全保障の焦点となるデカップリングと中国の対応

ここまで中国の安全保障強化の動向について、経済安全保障を中心に整理したうえで、第14次5カ年計画の要綱における経済安全保障政策の重点を概観してきた。それでは中国は、経済安全保障において焦点となっているデカップリングに備え、どのような取り組みを行っているのであろうか。

中国はハイテク製品やエネルギー資源の輸入依存度が高い。万が一、何らかの要因で輸入が停止するようなことがあれば、経済安全保障の観点からも大きな問題となるため、国産化や安定調達は重要な政策課題となっている。2022年における中国の輸入を品目別に見ると、第1位が集積回路（IC）[3]、第2位が原油であり、輸入額はそれぞれ4172億ドル、3606億ドル、輸入総額に占めるシェアは15・4%、13・3%と合計28・7%に達しており、この2品目で約3割を占めた（章トビラデータ）。

ここでは2大輸入品目である半導体と原油を中心に、デカップリングに備えた中国の取り組みを確認する。

半導体国産化に向けた政策を推進

中国にとって輸入依存度の高い半導体の国産化は悲願であり、国務院は2014年6月24日、「国家集積回路産業発展推進要綱」を公布、2020年までに国際先進レベルとの差を縮小し、30年までに産業チェーンの主要部分を国際先進レベルに到達させ、飛躍的な発展を実現するという目標を打ち出した。

その一環として、国家集積回路産業発展指導グループの下で、「国家集積回路産業投資基金」を設立し、集積回路産業の発展を重点的に支援していく方針を掲げた。基金は14年9月に設立された第1期が1387億2000万元（約2兆6357億円、1人民元＝約19円）、19年10月に設立された第2期が2041億5000万元（約3兆8789億円）に上っている。これらに加えて、地方政府にも5兆円を超える半導体産業向け基金が存在するとされており、合計12兆円弱の大規模投資が行われている。

また、15年5月に公表された「中国製造2025」では、10大重点分野の一丁目一番地として次世代情報技術産業を掲げ、集積回路の設計水準の向上、汎用半導体のブレークスルー、国産半導体の応用能力の向上、高密度実装および3次元微細加工技術の掌握、主要製造装置の供給能力

（3）世界半導体市場統計（WSTS）によれば、2021年における世界の半導体市場の規模は前年比26・2％増の5559億ドルとなった。市場シェアを製品別に見ると「集積回路（IC）」が83・3％と8割以上を占め、最も広範に使用される半導体デバイスとなっている。

の構築などの目標が謳われた。中核基礎部品・基幹基礎材料の国産化率を2020年までに40％、25年までに70％に高めるという数値目標も設定された。

さらに、国務院は20年8月4日、「新たな時期における集積回路産業とソフトウェア産業の質の高い発展の促進に関する若干の政策」を公表し、より高度な技術を有する企業に対して、①財政・租税、②投融資、③研究開発、④輸出入、⑤人材、⑥知的財産権、⑦市場応用、⑧国際協力――の8項目の政策を通じて支援を強化していく方針を打ち出した。

米国の規制強化で半導体国産化が難航

しかし、こうした政策支援にもかかわらず、中国は半導体の国産化率が低水準にとどまり、輸出も大半は進出外資系企業に依存するという課題を抱えている。この背景には、中国企業の技術力不足に加えて、米国の輸出・投資規制の影響もある。米国政府は輸出管理規則（ＥＡＲ）にもとづき、安全保障上重大なリスクがあると認定した事業体をエンティティ・リスト（ＥＬ）に掲載し、米国製品を輸出する場合は事前許可が必要と規定している。

２０１７年1月のトランプ政権の発足以降、米国のＥＡＲは強化されており、ＤＲＡＭメーカーの福建省晋華集成電路（ＪＨＩＣＣ）は18年10月29日にＥＬに掲載されたことで、米国製製造装置の輸出が規制され、工場の立ち上げが中断した。

また、情報通信機器大手の華為技術（ファーウェイ）は19年5月15日にＥＬに掲載され、20年5月15日からは米国の技術・ソフトウェアを用いて米国外で生産された外国製品もＥＡＲの対象とされたことから、傘下の半導体設計会社・海思半導体（ハイシリコン）が台湾のファウンドリー（半導体受託生産）最大手のＴＳＭＣに半導体の生産委託ができなくなった。さらに、ファウンドリー大手の中芯国際集成電路製造（ＳＭＩＣ）は20年12月18日にＥＬに掲載され、最先端の半導体製造装置の調達が困難となった。

21年1月に発足したバイデン政権は、中国に対する輸出・投資規制をさらに強化する姿勢を見せている。22年8月9日には、中国との技術競争に備え、５２７億ドルの産業界向け資金援助を予算として含めた「ＣＨＩＰＳ・科学法（通称、米半導体法）」を成立させ、補助金を支給した事業者に、中国やその他の懸念国と半導体製造能力の拡大を含む重要取引を行うことを10年間禁じる措置を定めた。

また、22年10月7日には、中国を念頭にＥＡＲを強化する暫定最終規則（ＩＦＲ）を公表。軍民融合戦略の実施を含め、中国は米国の安全保障と外交的利益に反する形で防衛力の現代化に莫大な資源を投入していると指摘したうえで、①16ナノメートル（ナノは10億分の1）または14ナノメートル以下のロジック半導体、②18ナノメートルハーフピッチ以下のＤＲＡＭメモリ、③１２８層以上のＮＡＮＤフラッシュメモリといった先端半導体やそれらを含むコンピュータ関連製品および製造装置の中国への輸出（再輸出を含む）に関して、商務省による許可申請を義務づけ、申請した場合も原則不許可とする極めて厳格な措置を打ち出した。

米国の中国向け半導体等の輸出管理措置に対して、中国商務部は22年12月12日、ＷＴＯに提訴したと発表した。商務部は「米国は近年、安全保障の概念を一般化して輸出管理措置を乱用し、半導体等の製品の正常な国際貿易を妨害し、世界の産業チェーン・サプライチェーンの安定を脅かし、国際経済貿易秩序を破壊しており、これは典型的な保護貿易主義のやり方である」と批判。そのうえで「WTOに提訴したのは、法的手段で懸念を解決するためであり、中国の合法的権益を守るために必要な手段である」と表明した。

米半導体法やIFRの規制対象となるのは、最新の軍事品等の開発に関わる先端半導体に限定され、レガシー（旧世代型）半導体には適用されないとみられており、全面的な禁輸措置が講じられているわけではない。とはいえ、先端技術の導入が困難になるなか、輸入依存度の高い先端半導体を国産化することは容易ではなく、デカップリングは中国の経済発展を制約するリスクとなりつつある。

こうした状況のなか、劉鶴副首相（当時）は23年3月2日、北京でIC企業による座談会を開催し、「ICは現代産業の中核であり、国家の安全保障と現代化プロセスに関わる。習主席はIC産業の発展を重視し、多くの重要な指示を出しており、我々は徹底して実行しなければならない」と指摘した。

それでは、先端技術の導入が困難になるなか、中国政府はいかに対応しようとしているのか。第1は、補助金や優遇税制を通じて支援を継続し、中国企業の技術力向上を図ることだが、それには相応の時間を要する。第2は、海外の企業や技術の買収だが、西側諸国が中国を念頭に外資による投資規制を強化するなか、中国企業が買収を推進することは容易ではない。そこで、第3の現実的な選択肢となるのが、規制対象外となるレガシー半導体への集中投資であり、なかでも先端技術が不要ながら車載向けを中心に需要が拡大しているパワー半導体を強化しようとしている。

米国の規制強化の目的は、中国による軍事転用可能な先端半導体の開発を阻止することにあるが、その反動として、中国企業によるレガシー半導体の過剰生産および日本企業が今も存在感を示すパワー半導体への伸長というリスク要因につながることが懸念される。

また、中国がレガシー半導体において独自のサプライチェーンを保持することになれば、地政学的なデカップリングだけでなく、半導体のハイエンド分野とミドル・ローエンド分野でもデカップリングが起きることを意味するだけに、今後の動向を注視していく必要があろう。

高水準が続く原油の輸入依存度

中国は2017年に米国を抜き、世界最大の原油輸入国となった。中国石油化学工業連合会によると、中国の2022年の原油の輸入依存度は71・2％と、20年の73・6％をピークに2年連続で低下したものの、依然として7割を超える高水準となっている。

中国のここ10年（2012～22年）の原油の輸入動向を国・地域別に見ると、2016～18年の3年間を除けば、サウジアラビアが第1位の輸入相手国となっており、22年の輸入額は前年比48・1％増の647億ドル、シェアは17・9％を占めた。ロシアは2016～18年はサウジアラビアを上回り、3年連続で第1位となった。2019～22年はサウジアラビアに次いで第2位にとどまっているものの、22年は43・4％増の566億ドルでシェアは15・7％となった（図表2－4）。

［図表２－４］ 中国の国・地域別原油輸入動向

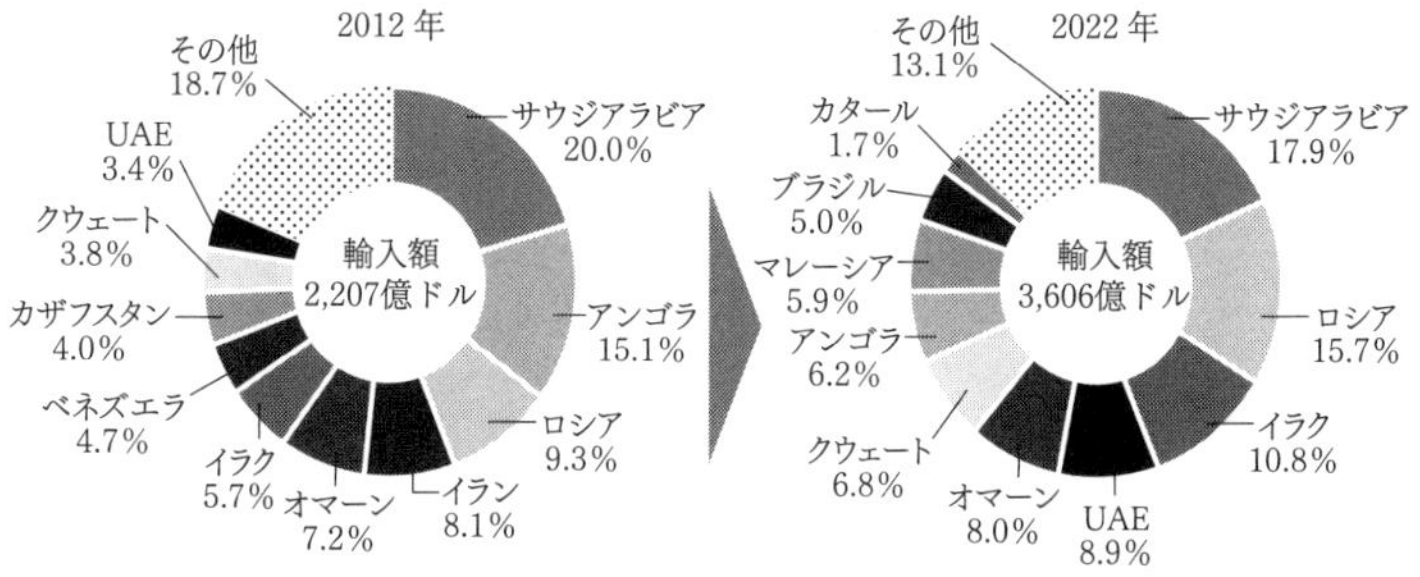

資料：IHS Markit, Global Trade Atlas をもとに筆者作成

他方、主要輸入相手国であったベネズエラやイランは米国からの経済制裁などの影響を受けて大幅に減少しており、調達先が不安定化するなか、イラク、アラブ首長国連邦（ＵＡＥ）、オマーン、クウェートなどのアラブ連盟加盟国のシェアが高まりつつある。

国内供給の拡大と備蓄の強化、調達先の多元化で対応

経済安全保障上、エネルギー資源の安定調達が喫緊の課題となっている中国は、①国内供給の拡大と備蓄の強化、②調達先の多元化——の両面から対策を推進している。国内供給の拡大と備蓄の強化の面では、中国のエネルギー資源関連企業に海外より国内向けの投資を拡大するよう指示している。

また、習主席の主宰により、２０２１年８月30日に開催された中央全面深化改革委員会第21回会議で「体制メカニズムの改革・整備による戦略・緊急物資備蓄の安全管理強化に関する若干の意見」が採択されるなど、備蓄を通じたセーフティネットの拡充を図る方針も示されている。

他方、調達先の多元化の面では、資源国との関係強化を図っ

ており、例えば、22年10月の第20回党大会での3期目続投決定後、習主席は12月8日、サウジアラビアを公式訪問し、首都リヤドでサルマン国王、ムハンマド皇太子と会談。双方は「全面的戦略パートナーシップ協定」に調印し、首脳会談を2年に1回、交互に開催することで合意した。また、共同声明で各分野の協力促進が強調されたほか、「一帯一路」共同建設、水素エネルギー、司法、教育、投資、住宅など、20項目の二国間協定・覚書が締結された。

翌12月9日にはリヤドで第1回中国・湾岸協力会議（GCC）首脳会議および第1回中国・アラブ諸国首脳会議を開催。中国・GCC首脳会議には、中国とサウジアラビアのほか、カタール、バーレーン、クウェート、オマーン、UAEの首脳とGCC事務局長が出席した。習主席は今後3～5年におけるGCC諸国との重点協力分野として、①エネルギー、②金融・投資、③イノベーション・科学技術、④航空・宇宙、⑤言語・文化――の5分野を提起した。

また、中国・アラブ諸国首脳会議には、中国とサウジアラビアを含むアラブ連盟21カ国・機構の首脳やアラブ連盟事務局長が出席した。習主席は「中国アラブ包括的協力計画要綱」の第一段階として、①開発支援、②食糧安全保障、③衛生・健康、④グリーン・イノベーション、⑤エネルギー安全保障、⑥文明対話、⑦青少年育成、⑧安全・安定から成る「8大共同行動」を推進することを提起した。

さらに、中国の仲介により、サウジアラビアとイランは23年3月6～10日、北京で会談を行い、7年ぶりに外交関係を正常化させることで合意した。3カ国は共同声明において、サウジアラビアとイランは中国が今回の会談を支持し、その成功を推進したことに謝意を表したうえで、外交関係を回復し、2カ月以内に大使館や代表機関を再開することや、各国の主権を尊重し、他国の内政には干渉しないことなどで合意したと発表した。

他方、アラブ連盟加盟国と並んで重要な資源供給先であるロシアについては、中国は22年2月24日の同国によるウクライナへの軍事侵攻以降も、中長期的な米中対立を見据えた観点から一貫して支持しており、西側諸国による経済制裁には反対の意向を示してきた。しかし、中国はウクライナとの関係も重視しており、主権と領土の一体性に配慮を示すというあいまいなバランスのなかで外交を展開してきた。

中国はウクライナ危機の発生から1年となる23年2月24日、「ウクライナ危機の政治的解決に関する中国の立場」を示す文書を公表した。文書は、①各国の主権の尊重、②冷戦思考の排除、③停戦・戦闘の終了、④和平交渉の開始、⑤人道危機の解決、⑥民間人と捕虜の保護、⑦原子力発電所の安全維持、⑧戦略リスクの低減、⑨食糧の海外輸送の保障、⑩一方的制裁の停止、⑪産業チェーン・サプライチェーンの安定確保、⑫戦後復興の推進——の12項目で構成される。

23年3月5～13日に北京で開催された第14期全国人民代表大会第1回会議において国家主席に3選された習主席は、同月20～22日の日程でロシアを公式訪問してプーチン大統領と会談を行い、中国の立場を示す文書を説明した。そのうえで、習主席は「中国は引き続きウクライナ問題の政治的解決を推進するために建設的役割を果たす」と強調した。また、両国元首は「全面的戦略協力パートナーシップの深化に関する共同声明」および「2030年までの中露経済協力の重点方向の発展計画に関する共同声明」に署名し、エネルギー分野では全方位の協力パートナーシップの強化などで合意した。

5 中国の安全保障政策の今後の方向性

本章の締め括りとして、第20回党大会における習主席の「報告」から、中国の安全保障政策の今後の方向性を読み解いてみたい。全15部で構成されるが、第20回党大会の「報告」を第19回党大会のそれと比較すると、安全保障に関わる項目が新設されたことが注目される。

「報告」は第11部「国家安全保障体系・能力の現代化の推進による国家安全保障と社会安定の確保」において、「国家安全保障は民族復興の根幹であり、社会安定は国家富強の前提である。総体国家安全観を貫徹し、国家の安全保障と社会安定を確保しなければならない」と指摘したうえで、①国家安全保障体系の整備、②国家安全保障能力の強化、③公共安全保障ガバナンスレベルの向上、④社会ガバナンス体系の整備——という4項目の政策措置を掲げ、「新たな安全保障によって新たな発展を確保する」という方向性を打ち出している（図表2－5）。

4項目の政策措置を個別に見ていくと、注目されるのは、第14次5カ年計画における①国家安全保障体系と能力構築の強化、②国家経済安全保障の強化が、第20回党大会報告では①国家安全保障体系の整備、②国家安全保障能力の強化という構成になっており、体系整備と能力強化を別々

［図表2－5］「報告」で打ち出された国家安全保障に関わる政策措置

	第14次5カ年計画	第20回党大会報告	主な内容
①	国家安全保障体系と能力構築の強化	国家安全保障体系の整備	●法治、戦略、政策、国家緊急事態管理等に関わる安全保障体系を整備 ●経済、重要インフラ、金融、ネットワーク、データ、生物、資源、核、宇宙、海洋等の安全保障体系の整備を強化 ●反外国制裁、反内政干渉、反「管轄権域外適用」のメカニズムを整備
②	国家経済安全保障の強化	国家安全保障能力の強化	●食糧、エネルギー資源、重要な産業チェーン・サプライチェーンの安全保障を確保 ●重大リスクの防止・解消能力を向上させ、安全保障上のシステミックリスクを防止 ●海外での合法的な権益、海洋権益および国家の主権・安全・発展の利益を保護
③	公共安全保障能力の向上	公共安全保障ガバナンスレベルの向上	●公共安全保障ガバナンスモデルの事前予防型への転換を推進 ●安全生産リスク特別対策を推進し、重点業種・重点分野の安全管理を強化 ●防災・減災・災害救助および重大かつ突発的な公共事件への対応能力を向上 ●食品・医薬品の安全管理、個人情報の保護を強化
④	社会の安定・安全の維持	社会ガバナンス体系の整備	●社会ガバナンス制度を整備し、実効性を向上 ●情報化にもとづく末端ガバナンスプラットフォームを整備し、矛盾・紛争を末端で解決 ●社会治安の全体的な予防・抑制を強化し、法にもとづいて違法・犯罪行為を厳重に処罰

資料：第20回党大会（2022年10月）における習近平国家主席の「報告」をもとに筆者作成

の政策体系に位置づけ、経済安全保障も一体化して推進していくという方針が示されたことだ。

こうした方針を受け、①国家安全保障体系の整備では、経済、重要インフラ、金融、ネットワーク、データ、生物、資源、核、宇宙、海洋等の安全保障体系の整備を強化していくことが謳われている。また、②国家安全保障能力の強化では、食糧、エネルギー資源、産業チェーン・サプライチェーンなどの経済安全保障を確保していくことや、重大リスクの防止・解消能力を向上させ、安全保障上のシステミックリスクを防止することなどが提起されている。

また、第14次5カ年計画における③公共安全保障能力の向上、④社会の安定・安全の維持は、第20回党大会報告では③公共安全保障ガバナンスレベルの向上、④社会ガバナンス体系の整備に修正され、ガバナンスのさらなる強化を図る意向も掲げられた。この一環として、公共安全保障では、事後対応型から事前予防型への転換の推進、生産活動に伴う事故や公共事件への対応能力の向上、社会ガバナンスでは、情報化にもとづく末端ガバナンスプラットフォームの整備、社会治安の全体的な予防・抑制の強化などが言及されている。

習近平政権は2014年4月の総体国家安全観の提起以降、その実施体制の法的確立を目的とした国家安全法の施行など、安全保障に関わる様々な制度や規制を整備・強化してきた。22年10月の第20回党大会で提起された「報告」では、3期目を迎えた習近平政権が国内外ともに安全保障を極めて重視していることが改めて示されており、今後も経済を含めた幅広い分野で制度や規制がさらに整備・強化されていくことが見込まれる。

事実、23年3月に北京で開催された全人代において習主席は閉幕日に重要講話を行い、「我々は発展と安全保障をよりよく両立しなければならない」と強調した。そのうえで習主席は「安全保障は発展の基礎であり、安定は興隆の前提である。総体国家安全観を貫徹し、国家安全保障体系を整備し、国家安全保障能力を強化し、公共安全保障ガバナンスレベルを向上させ、社会ガバナンス体系を整備し、新たな安全保障の枠組みで新たな発展の枠組みを保障しなければならない」

と指摘した。
また、第14期全国人民代表大会常務委員会第2回会議は23年4月26日、スパイ行為を摘発する「反スパイ法」の改正案を採択。23年7月1日より施行される。従来の反スパイ法では、国家機密・情報の提供がスパイ行為と定められていたが、改正案では国家の安全と利益に関係する文書、データ、資料、物品の提供が加えられており、安全保障の観点から、スパイ行為の取り締まりを強化していく姿勢が示されている。
他方、中国共産党の統治体制が集団指導から習主席個人に事実上集権化されたことで、安全保障も含めた政策運営が不安定化するリスクも高まりつつある。こうした現況を勘案すると、中国の行方を展望するうえでは、安全保障をめぐる動向を従来にも増して慎重に注視していく必要があろう。

【参考文献】

（中国語）

国務院（2015）「『中国製造２０２５』に関する通知」中華人民共和国中央人民政府ウェブサイト、２０１５年５月８日 http://www.gov.cn/zhengce/content/2015-05/19/content_9784.htm#（閲覧日：２０２３年４月１日）
習近平（2020）「国家中長期経済社会発展戦略における若干の重大問題」『求是』２０２０年11月１日 http://www.qstheory.cn/dukan/qs/2020-10/31/c_1126680390.htm（閲覧日：２０２３年４月１日）
——（2022）「中国の特色ある社会主義の偉大な旗印を高く掲げ、社会主義現代化国家を全面的に建設するために団

結奮闘しよう」中国共産党新聞網ウェブサイト、２０２２年10月26日
http://cpc.people.com.cn/20th/n1/2022/1026/c448334-32551867.html（閲覧日：２０２３年４月１日）

――（2023）「習近平：第14期全国人民代表大会第１回会議における講話」中華人民共和国中央人民政府ウェブサイト、２０２３年３月13日
http://www.gov.cn/xinwen/2023-03/13/content_5746530.htm（閲覧日：２０２３年４月１日）

新華社（2014）「習近平氏：総体国家安全観を堅持し、中国の特色ある国家安全保障の道を歩む」新華社ウェブサイト、２０１４年４月15日
http://www.xinhuanet.com/politics/2014-04/15/c_1110253910.htm（閲覧日：２０２３年４月１日）

――（2015）「中華人民共和国国家安全法」中華人民共和国中央人民政府ウェブサイト、２０１５年７月１日
http://www.gov.cn/zhengce/2015-07/01/content_2893902.htm（閲覧日：２０２３年４月１日）

――（2021）「全国民国家安全教育日：国家安全保障に関してあなたはどのくらい知っているのか」新華社ウェブサイト、２０２１年４月14日
http://www.xinhuanet.com/legal/2021-04/14/c_1127329200.htm（閲覧日：２０２３年４月１日）

――（2021）「中華人民共和国国民経済・社会発展第14次５カ年計画および２０３５年までの長期目標要綱」中華人民共和国中央人民政府ウェブサイト、２０２１年３月13日
http://www.gov.cn/xinwen/2021-03/13/content_5592681.htm（閲覧日：２０２３年４月１日）

第3章

中国における「軍民融合発展戦略」の展開

多用途先端技術と国防科学技術工業

土屋貴裕
京都先端科学大学准教授

中国の国家新型工業化産業モデル基地（軍民結合・軍民融合）

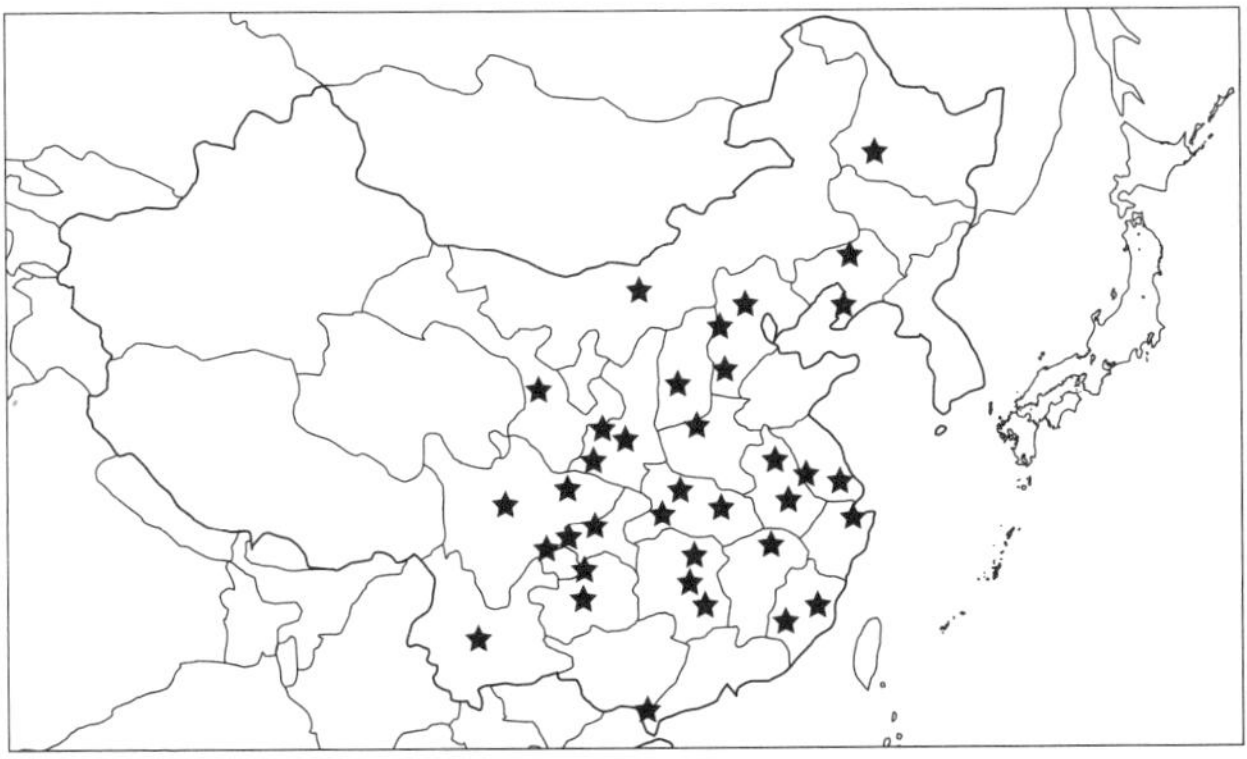

資料：中華人民共和国工業情報化部ホームページをもとに筆者作成

Point

- 中国の「軍民融合発展戦略」は、2019年以降、表立った言及がなされなくなり、中国共産党第20回全国代表大会の報告でも言及されなかった。しかし、改正された党規約では引き続き国家戦略の1つとして明記され、経済発展と国防建設の一体化をこれまで通り進めている。
- 中国は、「イノベーション駆動型」の経済成長へのモデル転換のために、「軍民融合発展戦略」の下で多用途（マルチユース）先端技術の研究開発とその産業化を進め、国防科学技術工業体系とその配置を最適化し、国防科学技術産業能力を強化することを目指している。
- 中国における民生技術の軍事転用（スピンオン）は、必ずしも軍用規格の水準にあるハイエンドなものでなくても行われている。AI技術を用いた監視カメラやブロックチェーン技術の公的利用・軍事利用を積極的に推進するなど、民間での利用を目的とした先端技術を軍事・国防に転用したり、行政への利活用を積極的に進めたりすることで、国防能力および党の執政能力の増強を目指している。

1 「軍民融合発展戦略」の進展

米中対立と「軍民融合発展戦略」

中国は経済建設と国防と軍隊の現代化建設を一体化している[1]。その柱となるのが「軍民融合発展戦略」である。2015年3月12日、習近平中国共産党総書記・国家主席・中央軍事委員会主席は第12期全国人民代表大会（以下、全人代）第3回会議の解放軍代表団全体会議に出席した際に、「軍民融合」を国家戦略に引き上げることを表明した。これとほぼ時を同じくして、新興技術による軍事の「インテリジェント（智能）化」が軍内で提起されるようになった。

17年10月の中国共産党第19回全国代表大会（19大）では、習近平が「ネットワーク情報システムにもとづく統合作戦能力、全域作戦能力の強化」「軍事のインテリジェント化への発展を加速させなければならない」と党の方針としてこれに言及した。翌18年10月の中共中央政治局第9回

（1）詳しくは、土屋貴裕「経済建設と国防建設の一体化とその背景」村山裕三編著、鈴木一人、小野純子、中野雅之、土屋貴裕著『米中の経済安全保障戦略――新興技術をめぐる新たな競争』第4章（芙蓉書房出版、2021年）、145～161頁を参照。

集団学習会でも、人工知能（ＡＩ）について学習するなかで、習総書記は「機械化、情報化、インテリジェント化の融合発展を加速せよ」と述べている。

その後、米中対立が深刻化するなかで、中国は「中国製造」と同様に「軍民融合」という看板を表立って掲げることには抑制的になっている。しかし、戦略を転換したわけではなく、本質や目的は変わらぬまま、名称のみが改められる形で今日まで継続されている。それは、新型コロナウイルス感染症拡大の影響下にあっても、軍事のインテリジェント化や国防情報化を掲げて、新技術・新装備の研究開発とその展示会を積極的に開催していることからも分かる。

例えば、20年9月22日から25日にかけて、北京の国家会議センターで中国コマンド&コントロール（指揮・控制）学会主催による第6回中国（北京）軍事智能技術装備博覧会が開催され、様々な品目が展示された。同展示会は、第5回までは「中国（北京）軍民融合技術装備博覧会」の名称で実施していたが、この第6回以降、「軍民融合」の名称が「軍事智能」へと置き換わって開催されている。

同展示会は、新型コロナウイルス感染症拡大の影響で、当初予定されていた20年7月から開催を延期、規模を縮小し、参加企業数も５００社から１００社余りに減少した。それでも、政府、軍（軍事委員会機関、戦区、軍種、軍校、研究機関）、武警、公安、交通、人民防空、航天、航空、兵器、船舶、電子科学技術など、国防軍事工業技術と産業に関連した各部門から3万人以上の代表が参加したという。

「軍民融合」が特徴的なのは、技術進歩や経済発展の果実を軍事転用しようとする試みにある。

中国では、これまで原子力やミサイル・宇宙分野をはじめとして、軍事技術を民間転用し、経済発展につなげてきた。その意味で「軍民融合」は過去の試みの延長線上にある。しかし、ハイテク産業全般の競争力向上を目指す産業政策と決定的に異なるのは、民生用途のみならず、民間企業が軍事産業に参入する「民参軍」である。

水面下で進む「軍民融合」

「軍民融合」の対象となるハイエンドな技術には、AI、ビッグデータ、ブロックチェーン、量子情報技術、高速通信規格「5G」および次世代通信規格「6G」、半導体、航空宇宙技術などがある。例えば量子技術は、民生用途と軍事用途の双方で応用の可能性があり、量子計算、量子センシング、量子通信、量子暗号はいずれも軍事目的でも使用され、通信ネットワーク・セキュリティやナビゲーションシステムの向上といった機能強化の実現が期待されている。

軍事のインテリジェント化は、AIや量子などをはじめとする先端新興技術の発展により、軍の指揮命令システムや通信ネットワーク、武器装備などが自律化することが想定された概念である。こうした国防科学技術分野のイノベーションは、民生分野のイノベーションを軍事転用することによっても支えられている。すなわち、中国は「軍民融合」によって軍事のインテリジェント化を達成しようとしている。

国防科学技術分野におけるイノベーションを発展・促進する中国の「軍民融合発展戦略」は、国防科学技術イノベーション分野で依然として能力差がある米国に対して競争力を持つべく、軍

［図表3－1］『解放軍報』における「軍民融合」言及記事数

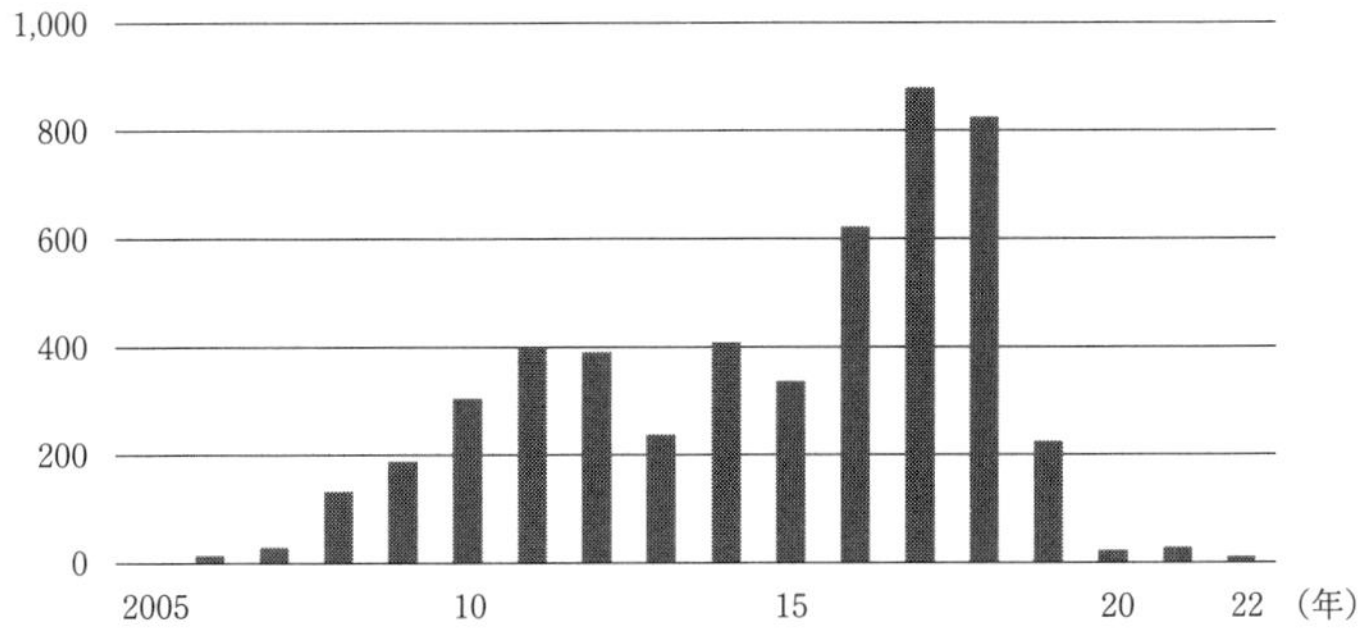

注：「軍民融合」言及記事数をカウント
資料：『解放軍報』データベースをもとに筆者作成

事技術と民間技術を組み合わせ、ハイエンドな民間技術を軍事転用することを主たる目標としている。しかし、先端新興技術をめぐる米中の競争が激化するなか、中国の「軍民融合」に対する警戒も高まりを見せている。

　こうした背景から、2019年以降は中国国内で「軍民融合」に対する表立った言及がなされなくなった（図表3－1）。22年10月16日に行われた中国共産党第20回全国代表大会（20大）における報告で、習近平は、「科学技術イノベーション体系の整備」を重視し、「国防科学技術・武器装備重要プロジェクトを実施し、科学技術の応用を加速」すること、また「国防科学技術工業体系とその配置を最適化し、国防科学技術産業能力を強化する」ことなどを強調した。

　国防科学技術工業については、これより5年前の17年10月に開催された19大では、「富国と強軍の統一」を堅持し、統一的指導、トップレベル（頂層）設計、改革イノベーションと重要プロジェクトの実行を強化し、国防科学技術工業の改革を深化させ、軍民融合の深い発展構造を形成し、一体化した国家戦略システムと能力を構築する」と述べており、20大の報告では「軍民融合」という文言が姿を消した形となった。

ただし、20大で改正された党規約では引き続き国家戦略の1つとして明記されるとともに、新たに「世界一流の軍隊を建設する」ことを加速することが記された。中国共産党は2050年頃までに米国と並ぶ「世界一流」の軍隊を建設する目標を掲げている。

すなわち、習近平政権は3期目においても、表立って語られることがなくなったものの、水面下ではハイエンドな民間技術の軍事転用のための「軍民融合発展戦略」を引き続き堅持し、各地で民間技術を積極的に軍事転用するための仕組みや制度づくりを進めている。これら国防科学技術分野におけるイノベーションを促進することで、「インテリジェント化した戦争」に向けた戦闘力の強化を加速し、「軍事闘争準備」を進めるものとみられる。

2 「軍民融合」を支えるイノベーション

転換期にある中国の経済成長モデル

本章冒頭で述べた通り、中国は、経済建設と国防建設を密接に結びつけようとしているが、このことは中国の国防と軍隊建設においても強調されている。2015年11月24日から26日にかけて行われた中央軍事委員会改革工作会議では、習近平政権下の国防と軍隊改革の全体像が示された。そのなかで、「軍民融合による発展戦略の貫徹に着目し、軍と地方にまたがる重大な改革任務を推進し、経済建設と国防建設の融合した発展」を図っていくことが掲げられた。

これは、すべての生産要素に関して、多分野横断的かつ効率の高い軍民融合を創出していくことを意図したものである。それでは、なぜ中国は軍民融合、特に民間と軍事技術、国防と経済を併せて発展させていこうとしているのか。改革の背景には、今まさに中国の経済成長率が低減しており、そのなかで公表国防費の伸び率も徐々に低減している現状がある。党や軍は、経済成長率が低減するなかで、民間の資金をうまく軍事に転用できないかと考えている。

中国では、「改革開放」以降、1989年の天安門事件後に一時経済成長率が低迷したものの、92年の鄧小平による南巡講話や2001年の世界貿易機関（WTO）加盟を経て、長期にわたって「高速度成長」を遂げてきた。実際、2020年代初めには中国の名目国内総生産（GDP）は日本の3倍以上になり、1人あたりGDPも1万ドルを突破して、日本がバブル景気の只中にあった1980年代半ばの水準に達してきている。

中国の都市化率は、米国や日本、ドイツなどと比較しても依然低い水準にあり、内陸部の経済発展や都市化に大きなポテンシャルが存在している。また、生産年齢人口は2008年にピークを迎えたが、労働人口が全人口に占める割合は、米国や日本と比べて高い水準にある。しかし、近年の経済成長率の低下が示すように、中国は経済成長の3つの要素である資本、労働、技術革新のいずれにおいても、従来の発展方式に陰りが見られるようになってきた。

そのため、2000年代半ばに経済成長モデルの転換が提起され、積極的に進められてきている。その理由は、中国の経済成長はインフラ建設などの公共事業による資本蓄積に依存したが、その方式が限界を迎えて投資効率が悪化してきたこと、経済発展を支えてきた労働人口がピークを迎えたこと、そしてイノベーションや業務改善による全要素生産性（Total Factor Productivity：TFP）の成長寄与度が低下してきたことである。

このことから、中国は、さらなる経済発展のためにはTFPを向上し、「中所得国の罠」を回避しなければならないと認識するようになった。「中所得国の罠」とは、07年に世界銀行が報告書「東アジアのルネッサンス」で提示した枠組みで、安価な労働力や外資誘致などを活用して経済成長を実現したアジアの中所得国の成長が時間とともに鈍化し、高所得国への移行が困難になることを指している。

この「中所得国の罠」を回避するためには、都市のインフラ整備や研究開発費の増加促進、規制緩和の推進、高等教育制度の整備、産業構造の高度化などの施策による技術革新が必要となる。この世界銀行の報告書を踏まえ、中国は、「中所得国の罠」を回避し、持続的に成長するための様々な経済政策を打ち出し、「イノベーション駆動型」の経済成長モデルへと構造転換を進めてきている。

「イノベーション駆動型」経済成長に向けた政策

2006年2月、胡錦濤国家主席（当時）の「科学的発展観」にもとづき、国務院は「国家中長期科学および技術発展計画綱要（2006～20）」を公表し、2020年までにGDPに占める研究開発費の割合を2・5％にすることを目標に掲げるとともに、8つの先端技術分野（①バイオ技術、②情報技術、③新素材技術、④先端製造技術、⑤先進エネルギー技術、⑥海洋技術、⑦レーザー技術、⑧航空宇宙技術）を重点的に支援する計画を策定した。

また、08年6月には、国務院が「国家知的財産権戦略綱要」を公表し、知的財産権の創造、活用、保護とともに、その管理能力を向上させることを掲げた。また同年7月には、イノベーション型国家を建設すべく、「科学技術進歩法」を改正した。この改正科学技術進歩法では、科学・学術研究の自由を保障し、科学的探究や技術革新を進めることを奨励し、科学技術の成果を生産力に転化し、経済建設および社会建設をサポートすることが強調されている。

また、同法では、研究開発や技術イノベーションに対する投資を拡大すること、外国から導入する技術について「消化・吸収」したうえで再創造すること、資源や技術開発について軍民相互間の交流や技術移転などの連携、調整を強化することなどが新たに盛り込まれた。このように、2000年代半ばから、科学技術を発展させるための政策とそれを支える法律面の整備が行われてきた。

さらに、10年10月、国務院は「戦略的新興産業の育成および発展の加速についての決定」を発表した。この決定では、今後発展の潜在力が大きく、経済社会の全面的な牽引作用を持つ産業として、7つの分野（①省エネ・環境保護、②新世代情報技術、③生物、④ハイエンド設備製造、⑤新エネルギー、⑥新材料、⑦新エネルギー自動車）を戦略的新興産業として設定している。

この「戦略的新興産業」とは、「重要な先端科学技術の進展を土台とし、未来の科学技術や産業の発展の新しい方向性を代表するもの、また、現時点での世界の知識経済、循環型経済、低炭素経済の発展潮流を体現するもの」であると定義されている。すなわち、まだ成長の初期にあり、今後の発展の潜在力が巨大な新興産業分野という意味で用いられている。

加えて、18年10月12日に行われた国家統計局第15次常務会議では、戦略的新興産業の7分野を9分野（①次世代情報技術産業、②ハイエンド機器製造産業、③新材料産業を含む優れた全体的な利益を備えた産業、④バイオ産業、⑤新エネルギー自動車産業、⑥新エネルギー産業、⑦省エネ・環境保護産業、⑧デジタルクリエイティブ産業、⑨関連サービス産業）へと整理・再編、拡大している。

これらの新興産業を支える技術はデュアルユース（軍民両用）技術であることから、戦略的新興産業もまた「軍民融合」と関係が深いものとして世界から注目を集めている。

3 習近平政権下のイノベーション駆動型発展戦略

習近平政権の経済政策の特徴

こうした経済成長モデル転換のための新しい科学技術とその応用分野に関する政策は、習近平政権下でも継承され、またその速度を増してきている。習近平政権の経済政策の特徴は、経済成長率が低減し、「新常態」にある経済状況のなか、民間におけるイノベーションの加速、「サプライサイド（供給側）の構造改革」や国有企業改革、軍民融合などを進め、国防と経済を一体化して発展させることにある。

現在、中国は、習近平政権の下で「供給側の構造改革」を行っていくことを強調している。この供給側の構造改革は、毎年12月に行われる中央経済工作会議や3月の全人代でも繰り返し強調されている経済政策である。供給側の構造改革とは、生産活動における経済構造を再編することで、労働、資金、資源などを効率よく投入し、実体経済を振興することを目的としている。

また、公表国防費の伸び率も低減するなか、増加の一途をたどる最先端の国防科学技術に関する研究開発費を抑制すべく、軍工企業を再編・統廃合して効率化を図るとともに、軍工企業を株式化することなどによって民間資本を活用する動きが加速している。また、供給側の構造改革で重点が置かれている戦略的新興産業の成長は、経済のモデル転換を形成する重要な鍵となるだけでなく、軍民融合の発展の重要な鍵となるだろう。

中央軍事委員会改革工作会議では、習近平は科学技術による興軍（科技興軍）が重要であるとも強調しており、民間による科学技術の発展成果を軍事転用していきたいという意図が読み取れる。さらに、軍工企業を株式化することによって民間に投資させ、国防費以外の予算を民間から調達することによって資金を確保し、軍事技術の発展につなげる動きも見られる。この「科技興軍」の名の下で、軍民融合は一層進んでいくものと考えられる。

一方、2016年3月の全人代では、16年から20年までの「国民経済および社会発展の第13次5カ年計画要綱（第13次5カ年計画）」が可決された。この5カ年計画でも、経済の「中高速成長」を維持し、2020年にGDPを2010年対比で倍増させる目標を堅持するとともに、「イノベーション駆動型」発展で顕著な成果をあげることが主要目標の1つとして掲げられ、続く第14次5カ年計画では、さらに高いイノベーション目標が掲げられている。

また、習近平政権下の中央経済工作会議では、イノベーション駆動型発展戦略を進めていくことや、戦略的新興産業に発展の重点を置いていくことに加え、新たな技術や産業を用いて伝統的な産業、例えば軽工業、工芸といった分野に関しても改善や高度化を進めていかなければならないといったことが毎年強調されている。これは、戦略的新興産業の発展を基礎として、古い産業のイノベーションを進めていくことを狙ったものである。

民間におけるイノベーションに関しては、15年1月、李克強国務院総理（当時）が広東省深圳市のイノベーション関連企業を視察し、同年3月の全人代で、「大衆創業・万衆創新（大衆による起業、万人によるイノベーション）」が掲げられた。さらに、同年6月、国務院は「大衆創業・万衆創新の推進に関する意見」および「大衆創業・万衆創新モデル拠点の建設に関する実施意見」を公表し、民間レベルでの技術革新を推進している。

「世界の製造大国」を目指す中国

このように、中国は「中所得国の罠」を回避するため、供給側の構造改革を実施し、要素（資本・労働）投入型からイノベーション駆動型の経済発展を目指すなど、経済政策の重点をシフトしている。そのために、新たな先端科学技術とその応用分野に関する産業を振興するとともに、既存の製造分野についても産業のアップグレードを行っている。その象徴ともいえる政策の１つが「中国製造２０２５」である。

「中国製造２０２５」は、米中貿易摩擦のターゲットの１つとされているように、米国が特に警戒している政策である。例えば、２０１８年12月12日には、ウィルバー・ロス米商務長官は、CNBCテレビのインタビューに答えた際、米国が「中国製造２０２５」に警戒感を示していること、またそれに対して中国がその懸念を払拭しようとトーンダウンしていることを指摘した。

「中国製造２０２５」は、中国国務院が15年５月19日に、『中国製造２０２５』の公布に関する国務院の通知」という形で公表した計画である。この計画は、中華人民共和国建国１００周年のタイミングで「世界の製造強国」としての地位を築くという中国が掲げる大目標のなかでも、最初の10年間に当たる２０１５年から25年までの10年間で達成する目標の行動指針が示されている。

中国政府が「中国製造２０２５」を打ち出した背景には、「中国は依然として工業化の途中にあり、先進国と比べて大きな開き」があり、「製造業は大規模ながら力強さに欠け、自主創新（独自のイノベーション）力が弱い」「品質、ブランド力、国際化水準が低い」といった問題意識がある。そこで、製造業を中心に産業競争力の強化を目指すというドイツの構想「インダストリー４・０」の影響を受けて、「製造大国」から「製造強国」への転換を狙ったものである。

「中国製造２０２５」では、２０２０年までにスマート化の進展、重点分野の効率・競争力アップ、２０２５年までに全体の資質向上、世界の「製造強国」レベルになることを目指すことを掲げている。また、さらにその先の25年を見据えており、中華人民共和国建国１００周年のタイミングで「世界の製造強国」としての地位を固め、前列に立つことを掲げている。

新型工業化産業のモデル基地建設

「製造大国」から「製造強国」へ向けた方策として、具体的には９つの戦略（①国家の製造イノベーション能力の向上、②情報化と産業化のさらなる融合、③産業の基礎能力の強化、④品質・ブランド力の強化、⑤グリーン製造の全面的推進、⑥重点分野における飛躍的発展の実現、⑦製造業の構造統制のさらなる推進、⑧サービス型製造と生産者型サービス業の発展・促進、⑨製造業の国際化発展レベルの向上）を重点として掲げている。

また「中国製造２０２５」では、10の重点分野（①次世代情報技術、②高度なデジタル制御の工業機械およびロボット、③航空および宇宙装備、④海洋エンジニアリングおよびハイテク船舶、⑤先進鉄道設備、⑥省エネルギーおよび新エネルギー自動車、⑦電力設備、⑧農業機械装備、⑨新素材、⑩バイオ医薬および高性能医療器械）を新たな製造業の柱に据えることを企図している。

これらに加えて中国は、新型工業化産業モデル基地を設けることによって、「戦略的新興産業」を重点的に発展させようとしている。工業情報化部は、２０１０年から10回にわたり、新型工業化産業６大分野（①装備製造、②原材料、③消費財、④電子情報、⑤ソフトウェア・情報サービス、⑥軍民結合［融合］）に関して産業モデル基地を全国で組織し、４４５の新型工業化産業モデル基地を全国レベルで認定している。なかでも特徴的なのは、軍民結合（融合）産業基地が全国22の省・市・自治区で合計36カ所認定されていることである（章トビラデータ）。

産業のクラスター形成が産業蓄積を促進し、イノベーション創出につながることが指摘されているが、現在まさに中国は「戦略的新興産業」を重点的に発展させるため、全国に「新型工業化産業モデル基地」を建設し、クラスター形成を目指している。特筆すべきは、この新型工業化産業モデル基地を建設することで、新興科学技術の産業クラスター化によるイノベーション・エコシステムを確立し、経済建設と国防建設を一体的に進めようとしていることである。

これは「中国製造２０２５」の目標の１つとして「重大技術設備に対する経済社会発展と国防強化の需要を満足させること」、すなわち国防技術の発展と経済成長を一体として進めようとしていることとも符合する。さらに、22年8月23日には、科学技術イノベーション建設を深化させ、より多くの人材とイノベーション資源を動員し、地方の経済社会の質の高い発展を促すため、中国科学技術協会が第１回「科創中国」イノベーション基地のリストを発表し、１９４のイノベーション拠点を認定した。

4 マルチユース先端技術の開発

政府による積極的な先端技術の利活用

中国は、先端技術が成熟するに伴い、「軍民融合発展戦略」の下で国防科学技術工業体系とその配置を最適化し、国防科学技術産業能力を強化することを掲げている。前述の通り、中国の経済成長率が低減するなか、中国政府は経済成長モデルの転換のためにイノベーションの創出へと軸足を移しているが、2020年以降の新型コロナウイルス感染症によるパンデミックのため、こうした経済モデルの転換が加速している。

中国が推進しているイノベーション駆動型の経済成長モデルへの転換には、欧米をはじめとする諸外国からの先端技術の取得・吸収が不可欠である。しかし、米中の貿易摩擦・貿易戦争のなか、こうした海外の先端技術およびその応用分野の獲得が難しくなる可能性がある。また、これまで外需依存型の経済成長を遂げてきた中国にとって、内需を拡大させていく必要が一層鮮明になっている。

習近平は、米中貿易摩擦が表面化して間もない18年10月22日、広東省珠海市を訪問し、家電大手メーカーである珠海格力電器の幹部らに、「大国から強国になるには実体経済の発展が重要だ。

鍵となる製造業は自力更生で奮闘し、自ら技術革新する能力を早急に高めなければならない」と述べた。また、18年12月31日に行った新年の挨拶でも「100年に1度の大きな変化」のなか、中国には「自力更生」が必要だと強調した。

これらの発言に見られるように、習近平は、この難局を「自力更生」によって乗り切ろうとしている。「自力更生」とは、「抗日戦争」や西側諸国との対立、中ソ対立などの困難な時期に繰り返し用いられてきたフレーズである。ただし、あくまでも他国に依存せずに主として自らの力によって近代化や改革を遂行することを指しており、経済的に鎖国することを意味するものではない。

米中貿易摩擦が深刻化するなか、中国はイノベーション分野において「自力更生」することができるのか。また、今世紀半ばまでに「中国の夢」を実現することができるのか。その鍵を握るのは、「自力更生」を支える政府主導の経済産業政策や民間におけるイノベーション、軍民融合などが実を結び、イノベーション駆動型の経済成長モデルへの転換を継続することができるか否かであろう。

中国共産党および政府は、北京市や上海市、深圳市をイノベーションの拠点とし、その成果をもって、貴州省貴陽市をビッグデータ拠点にしたり、全国に新型工業化産業モデル基地を建設したり、河北省雄安新区のように先端技術を用いた新たな都市建設を進めたりしている。これにより、先端技術とその応用分野によって発展が遅れている地域を牽引し、また段階的な発展を踏むことなく、一足飛びに最先端の技術を導入し発展する「リープフロッグ」現象を起こそうとしている。

同時に、党や政府は、先端技術についての理解を深めるべく学習会を積極的に行い、執政能力および国家統制の強化や党の思想宣伝工作への活用方法を模索し、そうした活用のための研究開発を進めている。すなわち、党や政府は、民間利用のみならず、AI技術を用いた監視カメラやブロックチェーン技術の公的利用・軍事利用を積極的に推進するなど、多用途（マルチユース）を想定した新興技術の利活用を念頭に置いている。

このことは、中国共産党は、技術の「オープンイノベーション」を掲げる一方で、国家安全のために技術の管理を集中させるという「市民の介入を排除するテクノクラシーを正当化する閉じた技術観」をも有していることを意味している。例えば、党は、データの対改竄《かいざん》性やシステムの非中央集権性という特徴を持つブロックチェーン技術が中国の政治体制を揺るがす可能性を懸念しているとみられる。

国防科学技術産業能力の最適化問題

中国における民生技術の軍事転用は、必ずしも軍用規格の水準にあるハイエンドなものでなくても行われている。例えば、拡張現実／仮想現実（AR／VR）技術は、民間利用か公的利用かを問わず、様々な用途に応用し、それを社会のあらゆるシーンで実証実験を行い、社会実装を試みるスピードは他の国や地域を圧倒している。

医療、製造、エネルギー、交通などの伝統的な産業への応用や、サイバーセキュリティ、電子商取引、移動通信などのデジタル領域への応用をはじめ、中国中央テレビ（CCTV）の春節聯歓晩会や北京冬季五輪の開閉会式などでもAR技術を用いるなど、広範な利活用に取り組んでいる。

さらに、そうしたAR／VR技術を、知識の習得やバーチャルな実践トレーニング、技能の訓練といった兵士の訓練、指揮官の作戦策定や状況判断能力の向上、戦術や戦法の訓練・シミュレーション、様々な軍種・兵種の合同演習、新たな武器・装備の効果や操作性などの試験、3Dデジタル机上演習、自然災害への対処訓練など、軍事・国防用途として用いることで、国防能力の増強を目指している。

このように、ハイエンドな国防科学技術分野の研究開発のみならず、「軍民融合」を通じて先端技術を積極的に軍事転用することで、国防科学技術のイノベーション力を高め、あらゆる方面から軍の作戦能力を向上させるために役立てようというのである。その意味では、中国は米国に対して対称的なインテリジェント能力を構築するのみならず、非対称な発展を遂げる可能性を持っているといえよう。

もちろん、そうしたマルチユース先端技術が発展段階にあるなかでの軍事転用においては、軍民融合の体制やメカニズムが十分でなかったり、ニーズとスペックの乖離《かいり》があったり、あるいは軍民の標準が統一されていなかったりといった問題が解消されたわけではないようである。また、先端技術分野で中国が「ボトルネック」とするコア技術も数多く存在すると考えられている。そこで、国防科学技術工業体系の最適化を目指し、「民参軍」を促進するために参入障壁を低くするとともに、政府の補助や知的財産権、技術標準、共同イノベーションなどのあり方が検討されてきている。

5 日本へのインプリケーション

本章で見てきたように、中国では「軍民融合発展戦略」の下で、経済建設と国防建設の一体化が進められている。とりわけ中国は、マルチユース先端技術の研究開発のみならず、応用の幅や社会実装のスピードは他国を圧倒している。ただし、「軍民融合」や「自主創新」（中国独自のイノベーション）の進展には依然として課題も少なくない。

中国は自らの体制維持を含む総合的な安全保障のためにも、今後も日本の大学・研究機関や企業への硬軟織り交ぜた接近を続け、先端技術の「獲得」を試みるものとみられる。そうして「獲得」した先端技術は、中国の経済発展につながると同時に、間接的あるいは直接的に中国の軍事力強化や国家による管理・統制を支えることとなる。そのため、中国が軍民融合の対象としているマルチユース先端技術の分野で協力・支援を行うことのリスクを十分に考慮する必要がある。

とりわけ、発展の途上にある重要な先端技術について、その軍事転用の可能性と脅威度を正確かつ予見的に見極め、中国が「ボトルネック」としているコア技術、製品、材料、情報、および人材の流出などに対して具体的な取り組みを行うことが、日本の経済安全保障上の喫緊の課題であろう。

【参考文献】

（中国語）

葉琪、盧晨暉（2022）「我国両用技術発展的机制形成與障碍化解」『産業創新研究』２０２２年第12期、50～52頁

劉敬東（2022）「探析基於混合所有制的軍民両用技術産業化新机制」『中国有色金属』２０２２年第16期、62～63頁

鹿珂珂、王超、劉登攀（2022）「浅議加強国防科技創新的軍民融合挙措」『中国軍転民』２０２２年第18期、62～63頁

孫磊華、何海燕、常暁涵、袁偉（2022）「軍民深度協同対企業関鍵核心技術突破的影響」『科技進歩与対策』、２～12頁

劉暢（2022）「軍民融合背景下的国防知識産権問題研究」『中国軍転民』２０２２年第20期、52～54頁

陳暁和、周可（2021）「創新異質性、政府補貼與軍民融合企業創新発展」『北京理工大学学報（社会科学版）』23（1）、117～126頁

王軍華、黄春栄、譚清美（2020）「軍民融合技術標准互操作性実施研究」『北京理工大学学報（社会科学版）』22（4）、108～115頁

第4章

中国のエコノミック・ステイトクラフト

経済の武器化と求められる対策

長谷川将規
湘南工科大学教授

中国のエコノミック・ステイトクラフト（ESC）と西側諸国

中国のESC

ネガティブ型 経済的損失（あるいはその脅し）	ポジティブ型 経済的利益（あるいはその約束）

↓

中国のESCへの警戒

↓

西側諸国からの対抗措置（「経済安全保障」）

↓

拒否的抑止／懲罰的抑止／選別的な通商規制

Point

- 中国は今世紀以降、エコノミック・ステイトクラフト（ＥＳＣ）——戦略的な目的で利用される経済手段——を活発に利用してきた。こうした中国のＥＳＣに対する脆弱性や懸念が、近年西側諸国で「経済安全保障」（技術流出の阻止、重要物資のサプライチェーン強化など）が注目されるようになった主因である。
- ＥＳＣには、ネガティブ型（経済的損失を与える）とポジティブ型（経済的利益を提供する）がある。これまで多くの国家が中国のＥＳＣの標的にされてきた。ＥＳＣは様々な形で標的国の独立や安全を脅かすが、その行使や影響はしばしば見えにくい。
- 中国のＥＳＣを可能にしているのは「標的国の脆弱さ」と「中国の豊かさ」である。中国はＥＳＣの材料を多数有している。今後中国のＥＳＣに適切に対応していくためには、ＥＳＣを無効化する「拒否的抑止」、ＥＳＣへの報復を示唆する「懲罰的抑止」、中国の極端な経済成長の抑制を検討する必要がある。

1　中国のエコノミック・ステイトクラフトが「経済安全保障」を生んだ

エコノミック・ステイトクラフト（ＥＳＣ）とは、戦略的な目的のための経済の利用であり、今世紀に入って中国が、良くいえば活用、悪くいえば乱用している。

近年、米国、日本、欧州連合（ＥＵ）などが中国を念頭に、技術流出の阻止、高速通信規格「５Ｇ」やレアアースなど重要物資の対外依存脱却やサプライチェーンの強化を進めていることは、読者諸氏もよくご存じであろう（こうした動きは今日、しばしば「経済安全保障」と呼ばれている）。

だが、そもそもなぜこうした動きが近年高まっているのだろうか。２０１９年末以降の新型コロナウイルスの発生と流行、22年2月に始まったロシア・ウクライナ戦争なども、こうしたトレンドに拍車をかけた。しかし、最も根源的な原因は、今世紀に入ってからの中国の頻繁なＥＳＣの利用である。中国のＥＳＣに対する自国の脆弱性や懸念、恐怖こそが、日米欧を「経済安全保障」に向かわせたのである。

2　中国のエコノミック・ステイトクラフトの事例

では、今世紀に入ってから、中国はどのような相手に対して、どのような形でＥＳＣを行ってきたのだろうか。ＥＳＣには、相手に経済的損失を与える（あるいはそうした脅しをかける）ネガティブ型、逆に相手に経済的利益を与える（あるいは約束する）ポジティブ型がある。より広く考えれば、自国の強靭性やパワーを高める自己強化型もありうるが、紙幅の都合と議論の円滑さのためここでは割愛する。最初にネガティブ型の主要例を見てみよう。

ネガティブなESC

今世紀に入って中国が行ったネガティブなＥＳＣとその標的国の例として、主に以下が挙げられる。

・台湾（２００４～05）　台湾独立派の大物財界人・許文龍氏に「人民日報」や中国商務省を通じて様々な経済的圧力をかけ、同氏を独立反対へ転向させた（他方、独立反対派の国民党・連戦主席の訪中時には、台湾産フルーツの関税撤廃や中国人の台湾旅行解禁を表明した）。

・フランス（２００８～09）　サルコジ大統領が08年12月にチベット仏教最高指導者のダライ・

ラマ14世と会談した際、中国外務省は経済への悪影響を示唆。翌年1月に温家宝首相が（金融危機対策や貿易・投資拡大の協議のため）欧州を歴訪した際、フランスを訪問先から外し、経済利益の機会を奪った。

・**日本（２０１０）** 尖閣諸島沖漁船衝突事件において日本に圧力をかけるため、税関での輸出検査を厳格化し、レアアースの対日輸出を事実上停止した。

・**ノルウェー（２０１０）** 中国の民主活動家・劉暁波氏へのノーベル平和賞授与に報復するため、ノルウェーとの自由貿易協定（ＦＴＡ）交渉を延期した。また、検疫長期化によってノルウェー産サーモンの輸入を事実上停止した。

・**フィリピン（２０１２）** フィリピンとの間で南シナ海スカボロー礁の領有権争いが先鋭化した際、同国に圧力をかけるため、バナナへの検疫を強化し、実質的な輸入制限を行った。またフィリピン旅行の自粛も勧告した。

・**モンゴル（２０１６）** ダライ・ラマの訪問を認めたモンゴルに対し、同国産の鉱物資源に対する輸入関税の引き上げ、援助計画の停止といった経済報復を行った。

・**韓国（２０１７）** 韓国政府が米軍の地上配備型ミサイル迎撃システム（ＴＨＡＡＤ）を受け入れたことへの報復として、韓国旅行商品の販売を中止するとともに、（配備先の土地を提供した）韓国ロッテ量販店に対して営業停止を含む様々な妨害を行った。

・**オーストラリア（２０２０）** 華為技術（ファーウェイ）の5G参入を禁止し、香港や南シナ海問題で中国批判を強め、新型コロナウイルス発生源の独立調査を求めたオーストラリアを牽制するため、同国産の石炭、ロブスター、大麦、食肉、ワインなどに関税引き上げや輸入制限を課した。

・**スウェーデン（2021）** ウイグル族の強制労働問題に懸念を表明し、ウイグル産綿花の不使用を決めた大手衣料メーカーH&M社に対し、不買運動や営業妨害（インターネット通販サイトでの検索妨害、地図や口コミサイトからの店舗情報削除など）を政府主導で展開した。

・**リトアニアとEU（2021〜22）** 中国との協力枠組み17＋1から離脱し、事実上の台湾大使館の設置を認めたリトアニアに対し、同国製品の輸出入を制限するとともに、リトアニア製部品を使ったEU諸国製品についても通関手続きを停止した。

・**台湾（2022）** 米国ペロシ下院議長の訪台など対米関係強化に向かう台湾を牽制するため、台湾産の柑橘類や魚類の輸入を停止した。

ポジティブなESC

中国は、前述のネガティブなESCだけでなく、経済的な利益を提供するポジティブなESCも盛んに利用している。なお、このタイプのESCには、経済利益を長期的・継続的に提供して迎合に誘うものと、単発的な利益提供と引き換えに目的を果たそうとするものがあるが、ここでは両者を特に区別せずに記載しておく。

・**台湾（2000年代全般）** 台湾世論を独立反対と統一支持へ傾けるため、対中輸出や対中投資を通じて台湾経済界に利益を与え、台湾の対中経済依存を深化させるとともに親中的なビジネス集団を台湾内に増殖させた。

・**北朝鮮、ミャンマー（２０００年代全般）**　中国にとって安全保障上重要な緩衝国の崩壊を防ぐため、北朝鮮に一定の経済交流とエネルギー供給を継続し、ミャンマーに対しても累積債務の帳消しや借款供与などの経済支援を行った。

・**中南米、アフリカ、太平洋島嶼国（今世紀全般）**　台湾を孤立させるため、これら諸国に貿易促進、資金援助、インフラ支援などを続けている。台湾と外交関係を持つ国は、02年初めから22年初めまでの20年間に28カ国から14カ国に半減した。

・**パキスタン（今世紀全般）**　２０００年代前半から資金の大半を拠出してグワダルでの港湾開発を支援し、ほかにも、原発建設への融資、自由貿易協定の締結などを行ってきた。13年には軍事利用も可能なグワダル港の使用権を取得するに至った。

・**ミャンマー、カンボジア（今世紀全般）**　米海軍の影響下にあるマラッカ海峡を迂回する輸送ルートを獲得し有事の海上封鎖への脆弱性を低下させるため、また南シナ海問題で親中姿勢をとらせるため、道路や港湾建設への経済支援を続けてきた。

・**東南アジア諸国連合（ＡＳＥＡＮ）全体（今世紀全般）**　南シナ海問題で反中姿勢をとったり、米国の対中包囲網に参加したりしないよう、自由貿易協定、海運協定、投資協定などを締結したり、様々な経済支援を提供したりしてきた。

・**インド周辺諸国（特に２００９年以降）**　インドの地政学的な影響力を弱めるため、スリランカ、ネパール、バングラデシュ、モルディブ、モーリシャスなどへ経済支援や借款供与を行ってきた。特にスリランカに関しては17年に軍事利用可能なハンバントタ港の99年間の使用権を獲得し、「債務の罠」として問題視された。

・**ジブチ（2010年代全般）** インド洋と紅海を結ぶアフリカの要衝ジブチに、10年頃から、港、空港、鉄道などインフラ建設の資金提供を行い、17年に軍事基地、21年には空母の受け入れ施設を所有するに至っている。

・**英国（2014）** 李克強首相が多数の中国企業幹部を引き連れて訪英し、緊縮財政で外資頼みだった英国と、資源エネルギーや高速鉄道など140億ポンド相当の経済協力を結んだ。背景にチベット問題や人権問題での対中批判を抑える意図が存在した。

・**フィリピン（2016）** 南シナ海での領有権問題で中国批判を抑え、全般的な対中迎合を引き出すため、ドゥテルテ政権に総額240億ドルとされる巨額の経済協力を約束した。

・**ギリシャ、イタリア（2010年代後半）** 軍艦寄港地としての利用や、EU内に親中派を育成する狙いから、財政事情が苦しい両国に対し、港湾や鉄道インフラ整備の資金援助を行ったり、対中輸出の拡大を期待させたりした。

・**太平洋島嶼国（2010年代後半以降）** 既述の台湾離間工作とは別に、シーレーンの確保、軍事的な影響力の拡大、通信インフラ支配などの狙いから、パプアニューギニア、ソロモン諸島、サモア、バヌアツなどに活発な経済援助を展開し、オーストラリアや米国が懸念を深めている。

・**「一帯一路」構想（2013年以降）** この構想の下で中国が途上国に行ってきた融資全般が、

全般的な対中迎合や親中姿勢を導き、中国の影響力と勢力圏を拡大させるESCの一環であると見ることが可能である。

3 何が問題なのか

以上のように、中国は今世紀に入って以降ESCを活発に利用してきたが、それは次の懸念を生じさせる。

自律性を失い、生存や独立が脅かされる

最初に当然のことながら、中国のESCの標的国は、経済的な恫喝《どうかつ》や制裁によって、あるいは経済的な恩恵や依存に起因する忖度《そんたく》によって、政治的な自律性が失われ、安全が脅かされる。注意すべきなのは、こうした効果は直接の標的国だけでなく、潜在的な標的国にも及びうる点である。彼らもまた、明日は我が身と萎縮したり、中国からの経済利益を期待したりすることによって、中国に服従・迎合し自律性を奪われる恐れがある。

ステルス性

第2の懸念は、ESCのステルス性である。ESCの存在は成功時には見えにくい。例えば、中国が水面下で経済的な脅しをかけ、それが成功して標的国が服従している場合や、中国から利益提供を受けている標的国が中国に忖度し自主的に親中姿勢をとっている場合、表面的には単なる「協力」に見えてしまう。こうしたESCの不透明性は、ESCへの注意や警戒心、批判を鈍らせてしまう。

実際、中国はしばしば政府の姿を隠してESCを利用している。例えば、既述の日本へのレアアース禁輸について、中国政府はそれを公式には認めなかったし、スウェーデンのH&Mのケースではメディアの影に隠れて国民の不買運動を煽《あお》った。リトアニア製部品を使った欧州製品の通関手続き停止も、政府が公式に表明したものではなかった。

また近年、5G、デジタル通貨、あらゆるモノがインターネットにつながるIoTなどデータ（情報）収集が可能な製品・サービスが増えてきている。中国は、こうした製品や関連する規格や標準で中国製のものを各国に使用させ、各国が（多大なコストを伴うため）非中国製に乗り換えられない状況をつくり出すかもしれない。そうなれば、中国は秘密裏の監視や情報収集が可能になる。

最後に、中国の途上国融資は、かねて不透明さが指摘されてきた。例えば、中国に有利な秘密条項（西側諸国より中国への返済を優先させる、反中的言動は債務不履行とみなし返金を求める、国有資産を担保として差し出させる、貸し借りの存在自体を公表させないなど）や、途上国政府に直接融資せず同国企業に貸しつけたり、途上国政府ではなく工事を請け負う中国企業に融資したりする不明朗さが問題視されている。

中国に有利な経済ルールや規格・標準設定

中国がＥＳＣを活用して、中国に有利な経済ルールや規格・標準を設定してしまったらどうなるだろうか。それは中国のＥＳＣ能力を一層向上させることになり、中国はその向上したＥＳＣ能力によって自国に有利な経済秩序をさらに固めていくだろう。

国有企業、知的所有権、労働環境、人工知能（ＡＩ）倫理、データの管理や越境移動、ソースコードやアルゴリズムの開示などに関して、西側諸国が中国と対立する経済ルール・秩序観を持っていること、そして彼らが中国のＥＳＣの（潜在的）標的国であることを考えれば、中国に有利な経済秩序の構築は決して望ましいことではない。

軍事衝突の誘発

アジアの平和は、台頭する現状変更国を抑止できるか否かにかかっている。だが中国のＥＳＣは、「中国の怒り」を避けるための自粛や迎合を地域諸国に生じさせ、中国へのバランシング（軍備増強や同盟強化による対中抑止）を停滞させる恐れがある。

対中バランシングが停滞すれば、懲罰のリスクがなくなった中国はより独断的で拡張主義的になるだろう。これは地域諸国と中国との間に偶発的な軍事衝突のリスクを高めるが、実際にそうした事態が生じれば、米国は袋小路に陥る。軍事介入すれば中国と戦争になる。だが、軍事介入を控えれば、米国の「抑止の傘」への信頼が崩壊し、地域諸国は対中迎合に向かわざるを得なくなる。

要するに、中国のＥＳＣは、対中バランシングと対中抑止を失敗させ、意図せぬ戦争に地域諸国を巻き込むかもしれない。あるいは地域の安全保障を著しく不安定にしかねない。

4 中国のエコノミック・ステイトクラフトのメカニズム

「中国がＥＳＣを利用する可能性」は、「中国のＥＳＣが有効になる可能性」とつながっている。では、どのような場合にこうした可能性は高まるのか。また、中国のＥＳＣの有効な「材料」としてどんなものがありうるのか。これらは、中国のＥＳＣへの対応策を考えるうえで重要である。

「標的国の脆弱性」と「中国の経済的な豊かさ」

（他の条件が等しい限り）中国のＥＳＣの利用可能性と有効性を高める第一の要因は、中国のＥＳＣに対する「標的国の脆弱性」であり、それは具体的には以下の場合に高まる。

・「中国が自国に経済依存する以上に、自国が中国に経済依存する」非対称依存の場合
・自国が死活的に依存しているモノを中国以外から入手することが困難な場合
・中国のESCに対して、逆ESCで報復することが困難な場合

中国のESCの利用可能性と有効性を高めるもう1つの要因は、「中国の経済的な豊かさ」である。それはESCの材料を増やしてくれるし、ポジティブなESCをより強力で持続可能なものにしてくれる。豊かであればあるほど、中国は大きな購買力、融資力、技術開発力を持つこととなり、（潜在的）標的国にとって中国との経済断絶が大きな恐怖や損失に、また中国との経済交流が大きな魅力や恩恵になる。そして言うまでもなく、中国の経済的な豊かさは、その経済成長の規模に依存している。

エコノミック・ステイトクラフトの材料

現在、そしてまた将来、中国がESCの武器としうる経済リソースとしては、5G、AI、監視システム、ドローン、蓄電池、ミドルレンジ半導体、自動運転技術、デジタル金融、デジタルプラットフォーム、陸海運の物流データシステム、送電インフラ、高速鉄道、医療品原薬、レアアースやグラファイトのような希少鉱物資源などが考えられる。（現時点では可能性が低いが）将来的にはここに「国際化した人民元」も加わるかもしれない。

しかし、特に重要なリソースは、標的国を魅惑する「巨大な市場と購買力」、また、標的国へ

の投融資や中国の科学技術を支える「資金力」である。そして、これらの盛衰は、言うまでもなく今後の中国の経済成長の規模に左右される。

5 求められる対応策とは

中国のＥＳＣへの対応策としては、主に以下の3つが考えられる。しかし、これらは標的国の経済に大きな負担をもたらす可能性があるため、タイミングや対象領域、経済的なコストやリスクも考慮して、選別的に進める必要がある。

拒否的抑止

1つ目は、中国のＥＳＣに対する「拒否的抑止」である。すなわち、中国がＥＳＣを仕掛けても期待する効果が得られない状態をつくり、やっても無駄だと中国側に思わせてＥＳＣの意欲を失わせる施策である。

例えば、輸入先や調達先（供給網）を多角化することによって、死活的な物資や技術や資金での中国依存を減らす。また、（物資や技術の希少性とは関係なく）中国の市場（購買力）の大きさそれ自体、中国の資金力の大きさそれ自体も中国のＥＳＣの重要なリソースである（前者は魅力的な市場である中国への、後者は重要なパトロンである中国への、忖度や迎合、関係断絶時の恐怖や損失を生む)。したがって、(輸入先だけでなく)輸出先や資金調達先においても多角化による脱・中国が求められる。

実際、西側では近年こうした動きが進んでいる。例えば、EUの「欧州原材料アライアンス」(2020年9月)や日本の「経済安全保障推進法」(22年5月)は、重要物資の供給網強化や基幹インフラの安全確保などをうたっている。米国でも、トランプ政権下でオーストラリアのライナス社をテキサス州に誘致してレアアース精製の合弁事業を推進したり(2019年以降)、バイデン政権下で希少鉱物資源の国内増産を求める大統領覚書が発令されたり(2022年3月)、半導体の競争力と供給網強化のための資金援助を含む「CHIPS・科学法」(2022年8月)が制定されたりしている。また米国は、「安全で信頼できる通信ネットワーク法」(2020年3月)、「外国勢力参加評価委員会」(2020年4月)、「安全機器法」(2021年11月)などを通じ、通信機器の脱・中国を進めている。

資金調達や経済援助の多角化に関しては、中国の一帯一路構想の影響力を薄めて途上国の対中依存を低減させるため、米国は「国際開発金融公社」(2019年10月)、日本やオーストラリアとも連携した共同融資枠組み「ブルー・ドット・ネットワーク」を発足させた(2019年11月)。また、EUも同様の狙いから「グローバル・ゲートウェイ構想」を発表している(2021年12月)。

最後に、輸出先の多角化は、中国市場の巨大さを考えると大変難しい。しかし、現時点では可能性が低いものの、米国が（中国がまだ参加していない状況で）環太平洋経済連携協定（ＴＰＰ、現在のＣＰＴＰＰ）に復帰すれば、中国市場への依存軽減と標的国同士の経済依存の深化に重要な貢献が期待できる。

懲罰的抑止

２つ目は、中国のＥＳＣに対する「懲罰的抑止」である。すなわち、中国がＥＳＣを仕掛けてきたときに中国に耐え難い損害を与える報復能力を持つことによって、中国側のＥＳＣ利用の意欲を萎えさせる施策である。そして、中国のＥＳＣに対して最も信憑性が高い報復手段は、標的国からの逆ＥＳＣ（中国がＥＳＣを行使した際に中国に深刻な損害を与えうる経済手段）である。なぜなら「抑止する側の報復手段」が「攻撃側の手段」と釣り合いがとれていなければ、報復の信憑性や深刻さが弱まってしまうからである（「攻撃側の手段」と比べて、強すぎる報復手段も、弱すぎる報復手段も、ともに攻撃側は真剣に受け止めてくれない）。

米国はドル資産の凍結やドル決済の停止など逆ＥＳＣの強力な材料を持つ。また２０２２年10月には商務省が、いわゆる「直接製品ルール」（台湾や韓国など米国外で生産された半導体であっても、米国製の技術を使用していれば規制対象となる）にもとづき、中国の高性能半導体調達（とそれに依拠した先端技術開発）に深刻な損害を与えうる輸出管理規則強化を行った。

またＥＵは、既述のリトアニアと他のＥＵ諸国に対する中国の経済圧迫をきっかけに、「反経済威圧行動措置法案」を発表した（21年12月）。これはＥＵ諸国を標的としたネガティブなＥＳ

Cに対し、経済的な報復を可能にする法案である。

ほかに、既述した日本の経済安全保障推進法は、先端技術の研究開発支援をうたっている。あくまで仮の話ではあるが、これが成功して日本が中国に「戦略的不可欠性」（死活的な製品や技術に関して日本が代替困難な存在となる）を確立することができれば、日本は重要な懲罰的抑止力を得ることになる。

中国の不釣り合いな経済成長の阻止

既述のように、中国は武器化可能な様々な経済リソースを持つ。しかし、最も基本的なリソースは、中国の経済力（購買力、資金力）そのものであり、これがあるからこそ、中国は経済利益の提供と剥奪を通じてESCを駆使できるのである。

こうした観点から、中国の経済力を停滞させる（あるいはその急激な成長を防ぐ）措置もESC対策になりうる。例えば、トランプ政権以降の米国のいわゆる「デカップリング（中国との経済交流の顕著な縮小）」には、（中国経済への依存低減以外に）こうした封じ込め的な意図が見て取れる。

より具体的には、中国製通信機器の排除がそうだし、ほかにも、中国の技術力向上を阻止しうる「外国投資リスク審査現代化法」や「輸出管理改革法」（18年8月）、中国企業を米国の資本市場から排除しうる「外国企業説明責任法」（20年12月）や「非SDN中国軍産複合体企業リスト」（21年6月）などが挙げられる。また、米国は今日まで、オランダ政府への要請を通じて、オランダＡＳＭＬ社の高性能半導体製造装置の対中輸出を阻み続けている。

米国以外で中国を念頭に置いたこの種の施策としては、ＥＵの「対内直接投資審査規則」（19年4月）、日本の「改正外為法」（19年11月）、オーストラリアの「外資による取得・買収法」の改正（20年12月）、英国の「国家安全保障・投資法」（21年4月）などがある。

ただし、中国の経済成長の阻止や対中デカップリングは、対象領域を吟味した限定的・選別的なものでなければならない。これらが過剰あるいは急激であれば、西側諸国の経済も大きく傷つく。

これからの世界と企業の留意点（ESCをめぐる闘争）

今世紀初めから、西側諸国は中国への「経済的関与」を進めてきた。その背景には、「中国と経済交流を深めれば、中国は豊かになって経済の自由化が進み、政治も民主化され、対外的にも穏健化する」という期待があった。しかし、こうした期待は現実によって粉砕された。

中国は確かに豊かにはなった。だが党と国家の経済支配が進み、習近平体制の独裁と国民監視が強まり、対外的にもより強硬で独断的になった。そして、豊かで独断的になった中国は、その巨大な経済力を背景にＥＳＣを乱用し始めた。

中国のＥＳＣへの警戒は、米国以外の西側諸国にも広がりつつある。そして、彼らが脱・中国を強めるにつれて、中国も２０２０年以降その対抗策を進めている。例えば、輸出管理法や反外国制裁法（西側の逆ＥＳＣへの牽制）、データセキュリティ法（米国の制裁を迂回する独自のデジタル経済圏づくり）、ＣＰＴＰＰへの加盟申請（中国に不都合な経済秩序の阻止）などである。米国バイデン政権は、トランプ政権のデカップリングを継承するだけでなく、資源や半導体や情報通信機器などではそれを強める傾向さえ見せている。

米中の闘争基調が当分続きそうであり、日本が米国の同盟国であると同時に中国のＥＳＣの標的国であることも考えれば、日本企業も無関係ではいられない。ＥＳＣをめぐる闘争に目を光らせ、先読みし、将来に備える必要がある。

（謝辞：本章はＪＳＰＳ科研費ＪＰ２２Ｋ０１３６３の助成を受けています）

【参考文献】

（日本語）

『日本経済新聞』『日本貿易振興機構ビジネス短信』

長谷川将規（2013）『経済安全保障――経済は安全保障にどのように利用されているのか』日本経済評論社

――（2022）「エコノミック・ステイトクラフトの歴史と未来――メガラ禁輸からＴＰＰまで」『国際政治』第２０５号

（英語）

David A. Baldwin (1985) *Economic Statecraft*, Princeton University Press

Masanori Hasegawa (2018) "Close Economic Exchange with a Threatening State: An Awkward Dilemma over China," *Asian Security*, Vol. 14, No.2, pp.155-171

Reuters, *The Economist*, *Wall Street Journal*

第5章

外交孤立の台湾、危うい「シリコンの盾」

山田周平
桜美林大学大学院特任教授

ロジック半導体の生産シェア
（国・地域、回路線幅別）

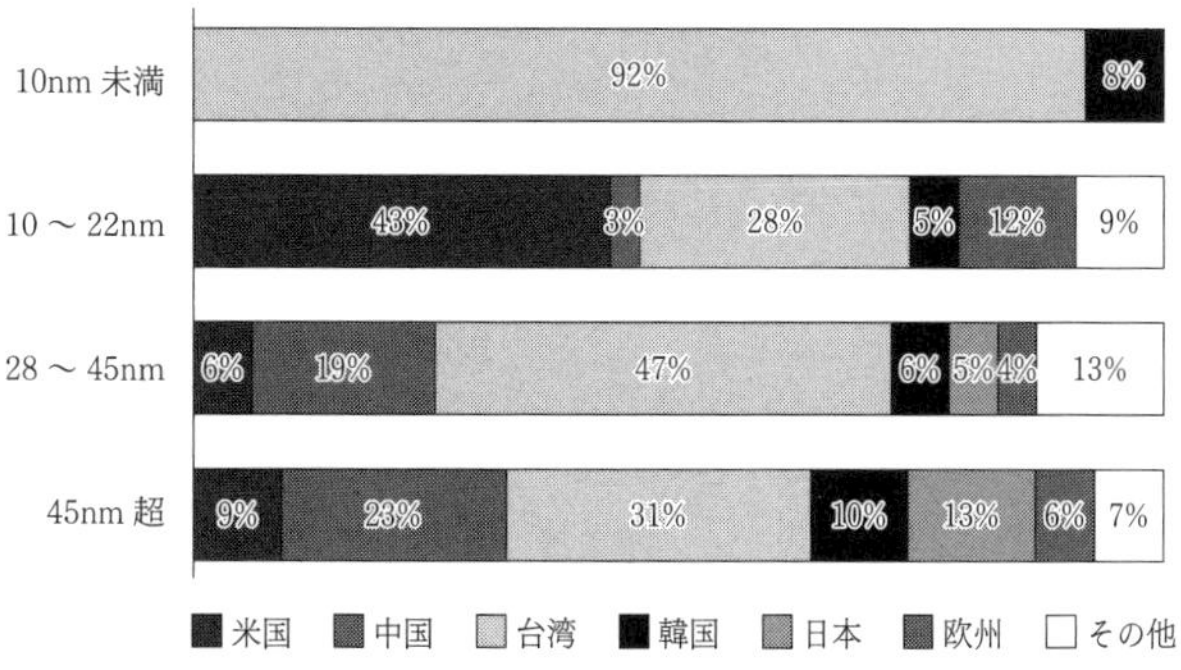

資料：米国半導体工業会の調査をもとに筆者作成。数値は2019年時点

Point

- 台湾の経済安全保障が世界の注目を集めている。戦略物資である半導体の生産で世界最先端を行く一方、中国による政治・軍事面での統一圧力にさらされる特殊な環境に置かれているためだ。経済的な利益をもたらす存在でもある中国との距離をどうとるかは、台湾の積年の課題である。
- 嫌中・親米を対外関係の基調とする蔡英文政権は2016年以降、台湾経済の脱・中国や外交孤立の打破で一定の成果を出した。しかし、主要国と外交関係を持たないなどのハンディの克服は難しく、経済安保で台湾積体電路製造（TSMC）を筆頭とする半導体産業の価値を前面に打ち出す局面が増えている。
- TSMCは世界最強の半導体メーカーではあるが、製造装置や素材などのサプライチェーン（供給網）を日米欧に大きく依存しており、もろさと表裏一体である。日本は台湾とは外交関係を持たない事実を踏まえつつ、製造技術の提供など実務的な手法でその経済安保を支えるべきだ。

1　中台分断が生む特殊な経済安保の環境

台湾の経済安全保障が世界の注目を集めている。戦略物資である半導体の生産で世界最先端を行く一方、中国による政治・軍事面での統一圧力にさらされる特殊な環境に置かれているためだ。台湾の経済安保の行方を考察する前提として、まずは特殊な環境に置かれるに至った経緯を経済と政治に分けて整理しよう。

台湾海峡をはさむ中台対立の起源は第二次世界大戦直後にさかのぼる。国民党政権（中華民国政府）は1949年、中国大陸での中国共産党との国共内戦に敗れ、台湾に逃れた。ここから「台湾解放」を唱える中国共産党・政府と「大陸反攻」を掲げる台湾当局・国民党による中台の分断が始まった。

経済面での転機は1970年代後半に訪れた。台湾は主力産業に育っていたテレビなど家電製品の組み立て・輸出が人件費高騰や通貨高で競争力を保てなくなり、当局が付加価値の高い半導体産業の育成を本格化させたのだ。いくつもの公的な開発プロジェクトを始動させたほか、北西部の新竹地区に法人税などを優遇する「科学園区」を整備し、87年設立のTSMCなど、のちに世界的な競争力を持つことになる企業群を生み出した。

［図表5－1］台湾企業の対中投資の推移

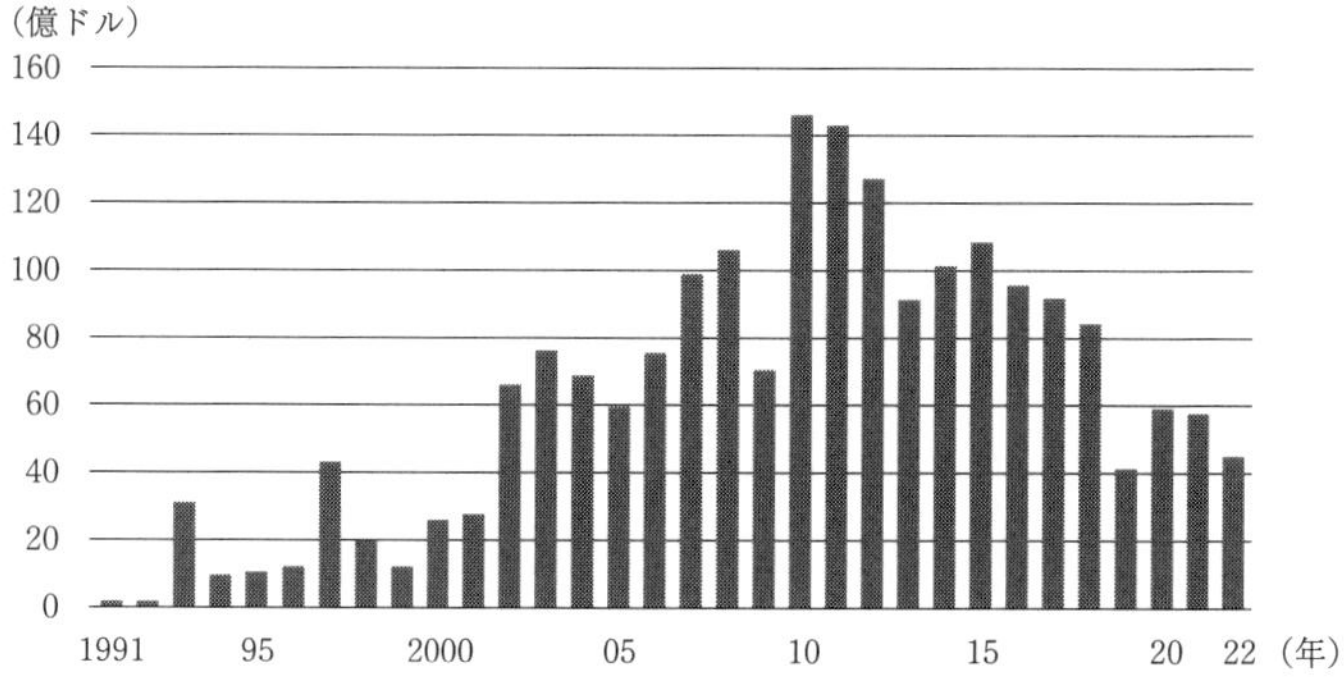

資料：台湾経済部のデータをもとに筆者作成。認可ベース、2022年は11月まで

台湾当局は一方で80年代末から、割安な人件費を求める台湾企業の動きを追認する形で中国への工場進出の規制を段階的に緩和した。2001年にノート型パソコンの対中投資を解禁すると、台湾企業は中国側の「以商囲政（ビジネスをもって政治を囲う）」という統一戦略に半ば乗っかる格好で怒涛のごとく工場進出を続けた（図表5－1）。例えば、鴻海（ホンハイ）精密工業は中国の広東省深圳や河南省鄭州などで合計100万人規模の従業員を抱えるまで工場を拡張し、電子機器の受託製造サービス（EMS）の世界最大手へと飛躍した。

現在は、TSMCなど台湾に主力工場を残す企業群が半導体・液晶パネルといった基幹部品を中国に輸出し、鴻海などが中国工場でIT（情報技術）機器に組み立てて世界に出荷する分業体制が出来上がっている。結果として、台湾の輸出は「統一・独立」という深刻な政治対立を抱える中国（香港を含む）向けが全体の40％前後で高止まりしている（図表5－2）。

2010年代以降には中国事業のコストが上昇し、この

［図表5－2］台湾からの対中輸出の推移

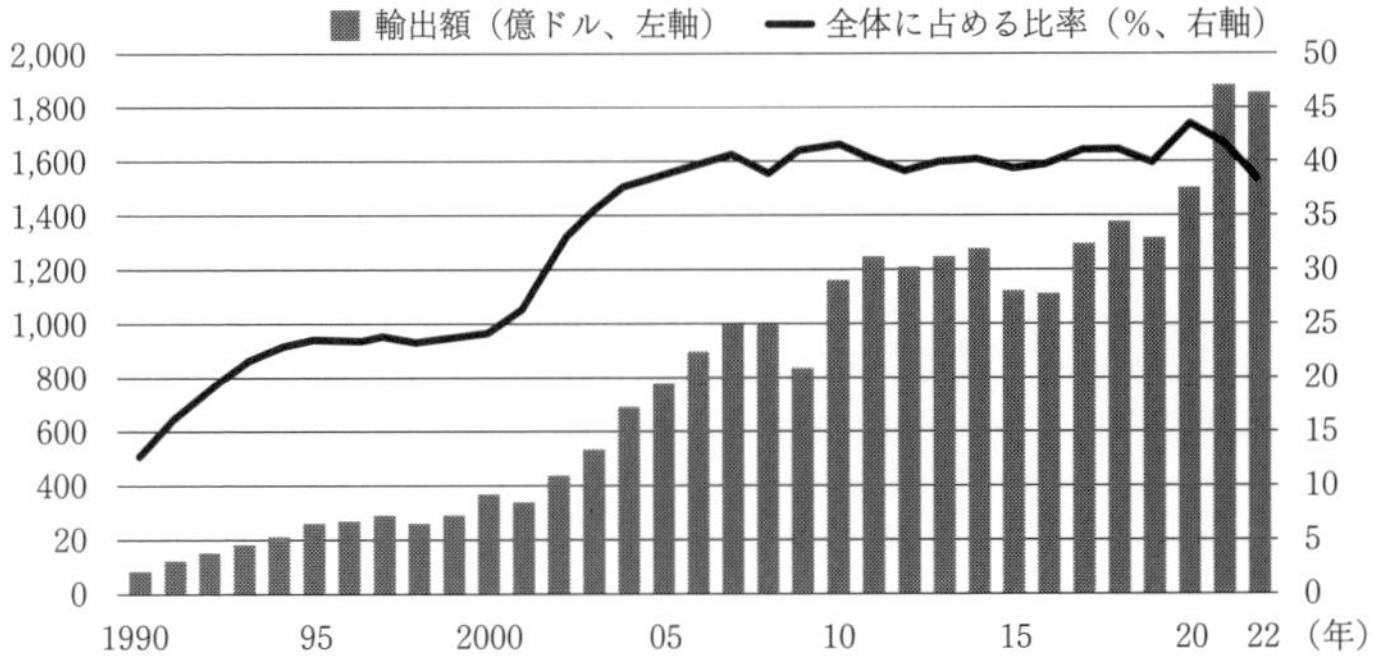

資料：台湾財政部のデータをもとに筆者作成。香港向けを含む

分業体制の収益性が下がるという新たな悩みに直面している。台湾の当局・企業にとって、中国経済との距離をどうとるかは積年の課題だといえよう。

一方の政治面では、台湾当局は日米欧など主要国と「国交」のない「外交孤立」の状況にある。中国との間で安保上の問題が起きても、台湾の総統は米国や日本に正規の外交ルートで支援を求めることができない。米国は台湾への軍事支援の法的根拠となる国内法「台湾関係法」を制定済みだが、日本や韓国とは違って条約にもとづく安保体制は築いていない。

台湾としては、IT製造業を主力とする経済力に頼りたいところだ。しかし、経済外交でも中国の反対のため、主要国と自由貿易協定（FTA）を結ぶことができないハンディを抱える。22年1月に発効した東アジアの地域的な包括的経済連携（RCEP）にも参加していない。中国の国力が相対的に低かった時期にアジア太平洋経済協力会議（APEC）や世界貿易機関（WTO）の正式メンバーになったものの、APEC首脳会議には総統の出席が認めら

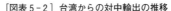

れず、WTOはそもそも機能不全が続いている。

台湾は18年春に米中貿易戦争が始まって以降、ハイテク分野で米中デカップリング（分断）の最前線に立っている。米国が台湾当局・企業に対中制裁・規制への同調を求める局面は増えているが、軽率に動けば中国から得てきた経済的な利益を失いかねない。前述の歴史的・政治的な経緯からみて、台湾が経済安保でとりうる選択肢にはかなり制約がある。

2 蔡英文政権が進めた3つの対策

台湾では2016年5月、民主進歩党（民進党）の蔡英文政権が発足した。台湾独立を志向し、親米色が強い民進党として8年ぶりの政権復帰であり、対中融和を基軸とした国民党の馬英九前政権の施政方針を大きく転換した。経済安保の視点で見ると、筆者は蔡政権が前述した制約を踏まえつつ、大きく3つの対策をとったと分析している。

1つ目は、台湾経済の「脱・中国」を進めることだ。蔡総統は就任演説で「単一市場に過度に依存してきた現象に別れを告げる」と述べ、名指しを避けつつも脱・中国を示唆した。演説ではさらに、「新南向政策」の推進を宣言した。これは台湾の南に位置する東南アジア諸国連合（ASEAN）10カ国、インドなど南アジア6カ国、オーストラリア、ニュージーランドの合計18カ国との経済協力を支援する政策だ。1990年代に李登輝政権（当時）が中国依存の回避を狙って掲げた「南向政策」の現代版といえる。

19年1月に始めた「歓迎台商回台投資行動方案」にも同じ意図がある。これは、①中国で2年以上の投資実績がある、②米中貿易戦争の影響を受けている――台湾企業が台湾に投資するなら、当局が工場用地の紹介、民間融資の金利の一部肩代わりなどで支援する優遇策だ。パソコンなどIT機器の生産が中国に集中していることを問題視する米国に呼応した動きといえる。当初は3年間の時限措置だったが、現在は2024年まで延長されている。これら脱・中国を目指す政策に企業側がどう応じたかについては後述する。

2つ目は、経済外交の推進だ。蔡政権は21年9月22日、環太平洋経済連携協定（TPP）への加盟を申請した。アジア・太平洋の地域経済統合に加わり、外交孤立を打破することを狙った動きだ。TPPへの加盟は馬政権も希望を表明していたが、蔡政権は台湾の数日前にTPP加盟を申請した中国を牽制する意味を込め、実行に移した。ただ本章の執筆時点では、台湾と中国のTPP加盟で具体的な進展は伝わっていない。

一方で、蔡政権と米国は22年6月、「21世紀の貿易に関する米台イニシアチブ」と呼ぶ貿易枠組みを立ち上げ、23年1月までに2回の交渉を開いた。TPPを離脱した米国は22年5月、新たに中国排除のサプライチェーンなどを目指すインド太平洋経済枠組み（IPEF）を創設している。台湾はIPEFに参加していないが、米台イニシアチブはそれを代替する枠組みと位置づけられている。蔡政権としては、米国の善意に乗る形で孤立に一定の歯止めをかけた。

とはいえ、これら2つの対策は、過度の中国依存や外交孤立という台湾の経済安保上の弱みを補う措置にとどまっている。蔡政権は2020年の2期目入り以降、事実上の3つ目の対策として、台湾が強みを持つ半導体産業を経済安保のカードとして生かす傾向を強めている。例えば、蔡総統は建国記念日に当たる10月10日の「双十節」の演説において、21年から2年連続で「護国神山」という言い回しで半導体産業の重要性を訴えている。詳細は後述するが、護国神山とは日本語で「守護神」といった意味だ。

最近は、台湾を訪れた日米欧の議員団などとの懇談で半導体での連携を持ち出すのが定番化しているほか、歴代政権と同様に半導体産業の振興につながる細かい政策を打ち続けている。23年1月には、台湾域内で技術革新を進め、かつ国際的なサプライチェーンで重要な地位を占める企業の法人税を29年末までの6年間減免する、通称「台湾版CHIPS法」が立法院（国会）を通過している。

3 台湾の半導体が経済安保のカギを握る理由

米中対立の最前線に立たされる台湾は蔡政権の下、シリコンウエハーを材料とする半導体産業を「シリコンの盾」として身を守っていると見る向きもある。ただ、台湾半導体の代表格である

TSMCは「国策会社」として発足したものの、1994年には台湾証券取引所に上場して自立しており、台湾当局の指示通りに動く道具ではない。蔡政権が経済安保でTSMCに頼るのは、同社が以下に示す4つの側面で突出した力量を持つためだ。

先端半導体で圧倒的な世界シェア

あらゆる工業製品で頭脳の役割を果たす半導体は一般に、回路の線幅が細いほど演算速度や省電力性が向上する。ミサイルや軍用機など武器自体に載せる半導体は耐久性など別の性能が欠かせないが、ミサイルの軌道計算などでは膨大な演算能力が必要になる。このため、回路を微細加工した半導体の開発・生産能力は安保上、極めて重要な意味を持つ。

量産ベースで世界最先端の回路線幅は現在、3ナノ（ナノは10億分の1）メートルである。ただ、その3ナノメートル品の量産に成功しているのは、世界でTSMCと韓国サムスン電子の2社だけだ。米インテルはその2世代前の7ナノメートル品の量産で手間取り脱落気味で、中国・欧州・日本のメーカーはさらに大きく遅れている。

本章のトビラに掲載した図表は、各種の演算に使うロジック半導体について、7ナノメートル品が世界最先端だった2019年時点の生産シェア（国・地域別）を回路線幅別で示している。台湾は当時の先端品である線幅10ナノメートル未満のロジック半導体で、実に92％ものシェアを握っている。技術の難易度や生産能力からみて、TSMC1社がすべて供給していると断定できる。

半導体産業は21世紀に入って工程ごとの水平分業が進み、TSMCは顧客が回路を設計した半導体チップの製造を専門に請け負う「ファウンドリー」と呼ぶ事業形態をとる。台湾にはTSMC以外にも聯華電子（UMC）、力晶積成電子製造（PSMC）などのファウンドリーがあり、台湾の調査会社トレンドフォースによると、世界のファウンドリー市場で台湾勢のシェアは64％（2021年、金額ベース）に達し、2位の韓国勢（18％）を大きく引き離している。

TSMCは顧客情報を公開していないが、米アップルがスマートフォン「iPhone」の頭脳に当たるロジック半導体、インテルが最先端回路を使うCPU（中央演算処理装置）の生産をTSMCに委託していることは、業界の共通認識である。世界を代表するIT大手でさえ、TSMCを含む台湾ファウンドリーとの関係を損ねては事業に支障が出かねないのだ。

対中抑止に欠かせぬTSMCの協力

米政府は2020年5月、中国通信機器最大手の華為技術（ファーウェイ）に対する制裁を強化し、米国由来の技術やソフトウェアを少しでも使った製品・サービスを同社に提供することを事実上禁止した。TSMCは直ちに、ファーウェイ傘下の半導体設計会社・海思半導体（ハイシリコン）からのチップ製造の新規受注を停止した。

ハイシリコンは回路設計で世界有数の実力を持ち、ファーウェイ製の通信機器用の半導体を供給してきた。ただ、工場を持たない「ファブレス」の事業形態をとるため、最先端チップの製造はTSMCに委託せざるを得なかった。前述したアップルのスマホ用半導体やインテルのCPU

［図表５－３］TSMCの国・地域別売上高比率

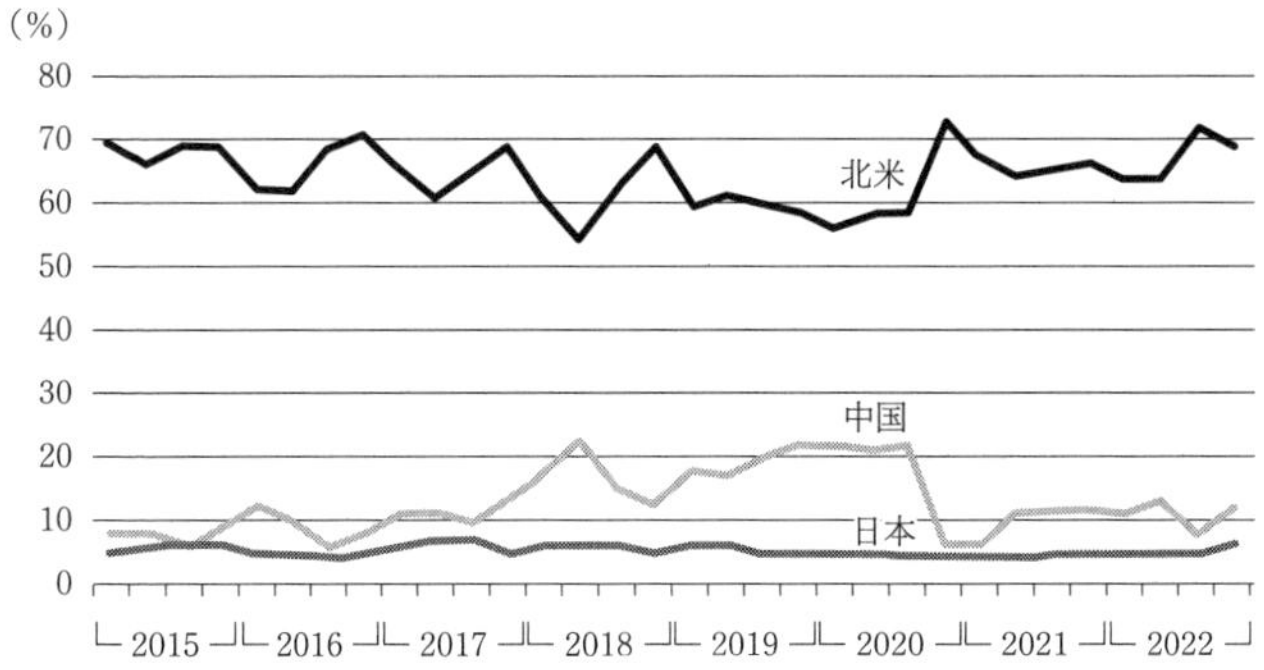

資料：同社のIR資料をもとに筆者作成

と同じ構図だ。

ＴＳＭＣは米制裁に従い、同年９月にはハイシリコンから受注済みだったチップの供給も終了した。ＴＳＭＣの同年10～12月期決算では中国向けの売上高比率は６％と前四半期から16ポイントも下落している（図表５－３）。これはハイシリコン向けの売り上げがごっそりとなくなったためと判断して間違いない。

この米制裁強化により、ファーウェイはハイシリコンを使って最先端半導体を自社開発する能力を事実上失った。スマホ事業の大幅な縮小を余儀なくされ、21年12月期決算は売上高が前期比で29％も減少した。米国にとって、ファーウェイは高速通信規格「５Ｇ」以降の通信・半導体技術で直接の脅威となる可能性が薄れた。

米政府は22年12月、中科寒武紀科技（カンブリコン）などＡＩ（人工知能）用半導体を手がける中国のファブレススタートアップを制裁対象に加えた。カンブリコンなどはどんなに優れた回路を設計しても、ＴＳＭＣに製造委託して最先端チップの形にする道筋を事実上断たれた。米国は

［図表５－４］TSMCの工場の配置

場所	主な生産品目	生産能力（月間）	時期
台湾（新竹、台南など）	最先端品	100万枚以上	稼働中
米国（アリゾナ）	先端品	５万枚以上	2024～26年
日本（熊本）	旧世代品	約5.5万枚	2024年
中国（南京、上海）	旧世代品	約８万枚	稼働中

資料：日本経済新聞電子版2022年12月６日公開記事などをもとに筆者作成。生産能力は直径300ミリウエハー換算

ＴＳＭＣに対中制裁に協力してもらい、中国の半導体産業の成長を抑止することに成功した形だ。

主要国との交渉に実績

ＴＳＭＣの魏哲家・最高経営責任者（ＣＥＯ）は２０２３年１月の決算説明会で、台湾以外での工場建設の進捗を説明した。米アリゾナ州の２工場と熊本県の工場という決定済みの計画に加え、日本の第二工場や欧州の新工場を検討していることを明らかにした。

ＴＳＭＣは20年５月にアリゾナでの工場建設を決める前は、旧世代品を手がける中国の南京・上海の工場と米国の小さな生産子会社を除き、台湾に工場を集中させてきた。現在も生産能力の９割以上を台湾域内にとどめている（図表５－４）。軽量なのに単価が高い半導体チップは空輸でも採算をとりやすく、集中生産による規模の経済を追求した方がコスト競争力を維持・強化しやすいためだ。

米中貿易戦争を引き金に世界各国・地域が半導体産業の育成競争に入ると、状況が変わった。ＴＳＭＣには現在、経済安保の観点上最先端の半導体工場を自国に持ちたい主要国から、工場建設の要請が続々と寄せられている。ただ、魏ＣＥＯは海外工場を建設する条件として、

顧客の要望以外に「必要なレベルの政府による支援」が欠かせないと繰り返している。進出先の政府による一定以上の補助金がないなら、TSMCにとって海外工場はメリットがないという意味だ。

アリゾナ工場をめぐっては、TSMCの事実上の創業者で前董事長の張忠謀（モリス・チャン）氏が再三、「米国工場の半導体製造コストは台湾の1・5倍になる」などと不満を述べていた。しかし、米国で22年8月に補助金支出の根拠となる「CHIPS・科学法」が成立した後は発言が伝えられていない。TSMCの熊本工場に対しては、日本政府が最大4760億円の補助金を支給することを決めている。

つまり、TSMCは誰かから頼まれたわけではなく、自社の収益力を維持・強化するために主要国の政府と経済安保に関わる交渉を進めていることになる。蔡政権としては、外交孤立のために乏しい主要国に対する発言権を増す効果を期待できる。

政権をしのぐ外交的パワー

TSMCの張氏は2022年11月、台湾の代表としてタイ・バンコクで開かれたAPEC首脳会議に出席した。前述した通り、台湾はAPECの正式メンバーだが、中国による反対のため総統本人は出席できない。歴代総統は第一線を退いた有力政治家や企業経営者を代表に指名する例が多く、蔡総統は張氏を5年連続6回目の代表として起用した。

中国浙江省生まれの張氏は米国に留学し、米半導体大手テキサス・インスツルメンツ（TI）

TSMC前董事長の張忠謀氏（左）と蔡英文総統
（台湾・総統府提供）

上級副社長などを経て、台湾当局の要請でＴＳＭＣの設立プロジェクトを指揮した。ＴＳＭＣを世界最強の半導体メーカーへと育てた手腕から、台湾社会で最も尊敬を集める人物と言ってよい。中国を含む中華圏でも圧倒的な知名度を誇るカリスマ経営者だ。

張氏は首脳会議の期間中に、中国の習近平国家主席と接触したことを公表している。休憩時に習氏に対し、中国共産党が前月に党大会を成功裏に開いたことへの祝意を述べるとともに、自らが21年に関節の手術をしたことを伝えたという。習氏からは「顔色がいいですね」など91歳と高齢な張氏を気遣う言葉があったようだ。さすがの中国も手荒な扱いはできない。

ＴＳＭＣは同じ経済安保の課題でも、半導体ではなく新型コロナウイルス対策で存在感を発揮したことがある。台湾当局は21年半ば、独ビオンテック製のコロナワクチンを購入しようとしたものの、交渉が不調に終わったことがある。台湾側は当時、中国による妨害があったと主張していた。結局はＴＳＭＣなど民間2社が中国企業経由でワクチン1000万回分を購入し、台湾当局に寄付する形で決着させた。

前述した護国神山とは、台湾住民がＴＳＭＣに付けた一種の尊称である。本来は台湾本島を南北に走る中央山脈が台風被害を軽減する現象を指すが、近年はＴＳＭＣが中国の統一圧力やコロナ禍という「国難」克服の切り札となっていることの例えとして定着した。ＴＳＭＣという一企業やその関係者が政権をしのぐ外交的なパワーを発揮する政治状況は健全とは言い難いが、台湾が置かれた特殊な環境に照らせば、ある程度は仕方ないのだろう。

4 米顧客も期待する「脱・中国」投資

本節では、前述した蔡政権による脱・中国政策に対し、台湾企業がどう行動したかを確認しよう。明確に政策効果が表れているのは、歓迎台商回台投資行動方案である。台湾の経済部(経済省)統計処(2022)の集計では、制度が導入された2019年1月から22年8月4日までの間に、蔡政権は合計266社・1兆7227億台湾ドル(約4兆6600億円)の投資案件を適用対象にした(図表5-5)。

一方で、2019年1月から22年11月までの台湾企業の対中投資額(経済部の認可ベース)は合計で約204億ドル(約2兆6800億円)にとどまっており、投資の脱・中国と台湾回帰が鮮明になっている。理由の1つは前述した通り、2010年以降に進んだ中国事業のコスト上昇だろう。特に製造業にとっては生産拠点の「チャイナプラスワン」が切実な課題であり、蔡政権による優遇策は渡りに船だった。

もう1つ指摘したい理由は、主力顧客である米国企業の要請だ。台湾の経済政策の司令塔に当

［図表５－５］台湾への回帰投資の分野別内訳

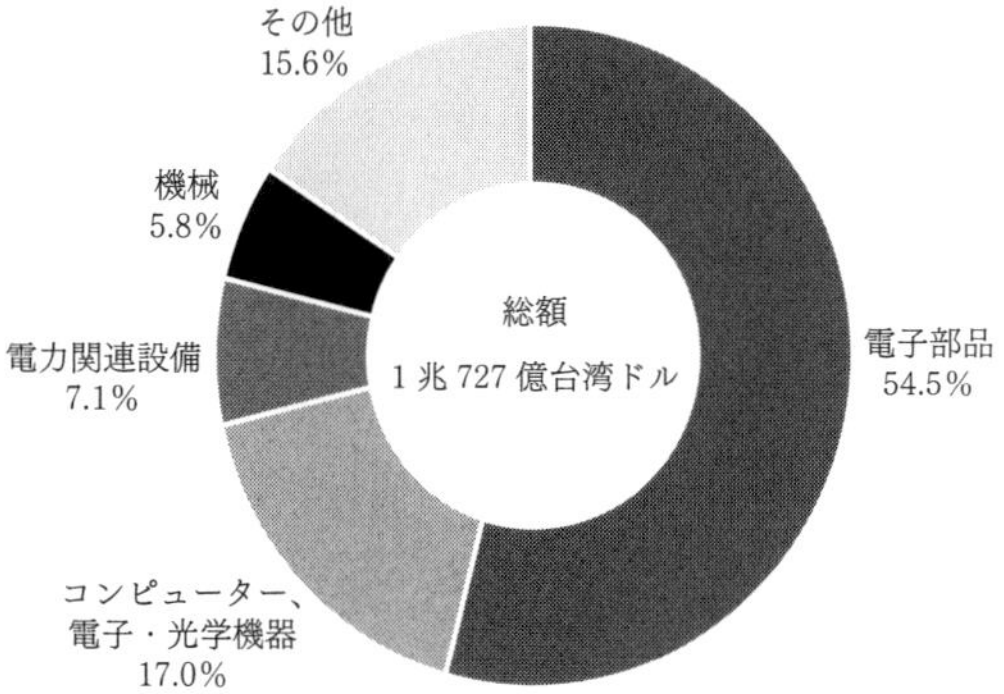

資料：台湾・経済部統計処（2022）をもとに筆者作成

たる官庁、国家発展委員会の高仙桂・副主任委員（副大臣）は22年7月、筆者のインタビューで、台湾への回帰投資について「米中貿易戦争という地政学の要素に対応するため、台湾企業はサプライチェーンを分散・強化せねばならない。例えば、米顧客がサイバーセキュリティに関わるサーバーを中国以外で生産するよう求めてくる例が増えている」と語った。

これは、米国のトランプ前政権が掲げ、通信網やアプリから中国の影響を排除する「クリーンネットワーク」構想が中台の現場で実現してきたことの証言といえよう。実際に、図表５－５で示した回帰投資では、サーバーなどＩＴ機器・部品の生産に関わる「電子部品」と「コンピューター、電子・光学機器」が合計で71％超に達する。米国に呼応した蔡政権の脱・中国政策により、台湾のＩＴ製造業と中国のデカップリングがじわりと進んだと判断できる。

新南向政策については、２０２１年には台湾から対象18カ国への輸出が８２５億８０００万ドルと、16年の

1・4倍に増えた。21年の台湾からの投資額は58億2835万ドルと、20年比で105・97％増えた。中国向けの輸出や投資に比べると依然として金額は小さいものの、台湾経済の過度な中国依存を修正するという点では一定の役割を果たしているようだ。

5　ガラス細工のハイテク供給網

以上の考察を踏まえると、蔡政権による経済安保政策は、①中国依存や外交孤立という弱みの克服ではある程度の効果を上げている、②一方で強みである半導体産業、とりわけTSMCへの依存度はかなり高い——と総括できる。本節では、この台湾の経済安保のあり方が非常に脆弱であることを、政治環境と技術・産業基盤という2つの視点から指摘したい。

総統選挙や中国威嚇、やまぬ政治の圧力

台湾では2022年11月、22県市の首長を改選する4年に1度の統一地方選挙が行われ、最大野党の国民党が14県市を押さえて勝利した。蔡政権は民進党の首長候補の学位論文の不正やコロナ対策など内政の不手際で有権者の支持を得られなかった。党勢がじり貧だった国民党は息を吹き返し、2期8年の任期が切れる蔡総統の後任を選ぶ24年1月の総統選は二大政党のどちらが勝

つのか、分からなくなった。

民進党の総統候補は、地方選敗北を受けて党主席を引き継いだ頼清徳氏に決まった。頼氏は蔡政権で行政院長（首相）、副総統を歴任した人物であり、経済安保で蔡総統と異なる路線をとることは考えにくい。不透明なのは、国民党が政権復帰した場合だ。国民党の総統候補は警察官僚出身である侯友宜・新北市長に決まった。侯氏は政治家としての経歴が短く、本章の執筆時点まで対中・対米政策をまとめて表明したことがない。

国民党が中国共産党との対話のパイプを持つなど、親中的なのは事実である。台湾住民の間では台湾が中国とは別の政治実体であるとの認識が定着し、国民党が政権復帰後、直ちに中国との統一に走ることなどありえない。ただ、対外関係で嫌中・親米が鮮明だった蔡政権に比べ、中国側に重心が移るのは確実で、経済安保関連の政策にも一定の修正が入るだろう。

中国による軍事的な威嚇も、台湾の経済安保上の不確定要素だ。ペロシ米下院議長（当時）の22年8月の訪台をきっかけに、中国の軍用機・艦艇が暗黙の「休戦ライン」とされる台湾海峡の中間線を越えて行動することが日常化している。貿易戦争を機に米中の対立が激化した18年以降、台湾海峡で軍事衝突のリスクが高まっているのは確かだろう。

では、台湾有事は台湾の半導体サプライチェーンにどんな影響を与えるのだろうか。ＴＳＭＣの劉徳音董事長が22年7月に受けた米ＣＮＮのインタビューが参考になる。劉氏は中国による台湾侵攻の可能性に触れた質問に「（半導体の）製造設備は非常に高度で複雑だ。工場を動かすには材料、化学品から補修部品、エンジニアリング、ソフトウェアの診断に至るまで欧州、日本、米国など外の世界とリアルタイムでつながり、彼らのサポートを受けることが欠かせない。仮に誰かが武力でＴＳＭＣを手に入れても、工場を運営することができない」と答えている。

中国が台湾統一を目指す動機として、台湾の半導体サプライチェーンを入手することを挙げる論者がいるが、劉氏の回答はこれを非現実的な空論として退けている。一方で、仮に軍事衝突で台湾の通信、空港、港湾などのインフラがマヒすれば、台湾にあるＴＳＭＣなどの半導体工場群はたとえ無傷でも、直ちに機能不全に陥ることを示唆している。

企業頼みの技術開発に限界も

ＴＳＭＣを頂点とする台湾の産業・技術基盤がそもそも脆弱であることも指摘したい。台湾の「科学技術統計要覧」によると、２０２０年の台湾全体の研究開発費は約７１８７億台湾ドルであり、11年以降は年平均で６・２８％増加している。問題は、そのうち基礎研究に回った比率が７・０％にとどまっていることだ。11年の10・５％からじりじりと低下している（図表５－６）。国・地域の将来の産業・技術基盤を支えることになる基礎研究の比率は、日米欧など工業国では20％前後が一般的だ。この指標では中国が５％強にとどまることが知られているが、台湾もかなり低い水準にある。この分野では、短期的な実利を重視しがちな中華圏の発想法が悪い方向に働いているようだ。

台湾は研究開発費の使い方にも特徴があり、２０２０年は82・５％を企業部門が占めている。日米中など主要国がおおむね7割前後であるのに比べて高い。さらには企業部門が使った研究開

［図表5－6］台湾の研究開発費（性格別）

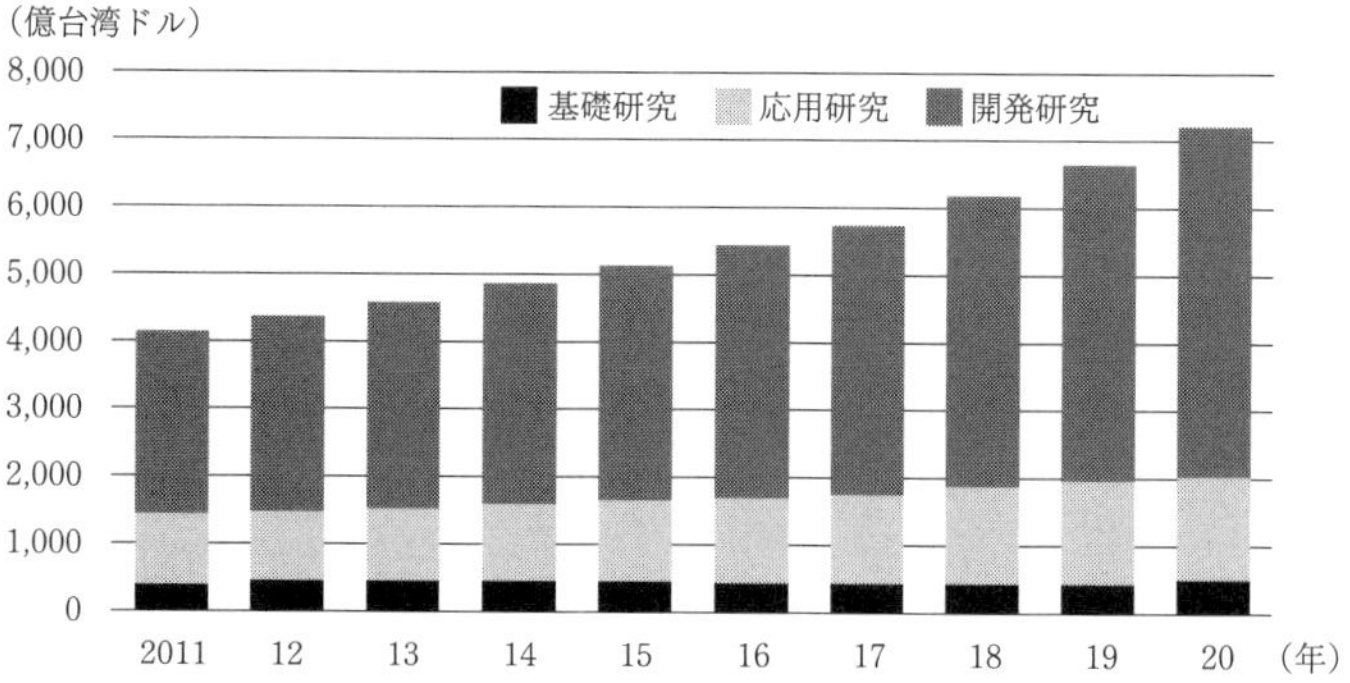

資料：台湾の国家科学・技術委員会「科学技術統計要覧（2021年版）」をもとに筆者作成

発費のうち、76・7%が電子部品・パソコンなど電子機器に投入されていた。TSMCや鴻海など電機大手が年間数千億円の研究開発費を支出し、台湾全体の研究開発を支えてきた構図だ。

本来は公的セクターが基礎研究に十分な資金や人材を割き、半導体用の材料や化学品など実用化に時間のかかる技術を蓄積しておくべきだ。経済や人口の規模がざっと日本の6分の1ほどにとどまる台湾には、荷が重いのかもしれない。しかし、仮に他の国・地域が基礎研究を重ねた結果、現行のシリコンウエハーとはまったく異なる半導体材料を実用化してしまえば、台湾の産業・技術面の競争力は根底からくつがえされてしまう恐れがある。

また、半導体の専門家の間では、TSMCによる海外工場の展開を危ぶむ声が出ている。前述した通り、TSMCは生産能力の9割以上を台湾域内に持ち、特に台湾本島の西側の新竹—台南間に集中させてきた。工場の立ち上げに必要な技術者などの経営資源を、遠く離れた米国や欧州で手配した経験はゼロに近い。TSMCは社運を賭けてやり遂げるだろうが、経営上はかなりの負担になることは間違いない。

6 日本は製造技術で裏側から支援を

日本ではTSMCによる熊本工場の建設や中台関係の緊張に伴い、台湾が日本の経済安保にとって重要な存在であることが再認識されている。筆者と20年来の交流があるTSMC日本法人の幹部は、「かつては敵視されていたが、最近は仕事がしやすい」と感慨深げだ。サムスン電子とともに、日本の半導体産業を衰退に追い込んだ元凶のように扱われた時期があったそうだ。

台湾の経済安保上の価値がフェアに評価されることは歓迎だが、筆者は買いかぶりすぎだと感じることもある。1つは、台湾当局が半導体産業の育成に果たした役割についてだ。1970年代後半に育成に着手したことには確かに先見の明があったが、TSMCがここまで突出して強くなったのは、張忠謀氏の経営手腕など育成策以外の要因が大きく寄与した。台湾当局がいわゆる「シリコンの盾」を持つに至ったのは、かなり結果論に近いと思う。

もう1つは、TSMCの実力に対する評価だ。同社が世界最強の半導体メーカーであるのは事実だが、その強さは世界を転戦する超一流スポーツ選手に似ている。世界最高の技術で観客を魅了するのはもちろん選手自身ではあるものの、作戦づくりや体調管理を裏側から支えるスタッフがいなければ実力を発揮できない。強いことは強いが、実はもろい。
ＴＳＭＣにとっては、劉氏が指摘した「外の世界のサポート」がスタッフに当たる。半導体の製造装置や素材で高いシェアを誇る日本は、ＴＳＭＣを製造技術で裏側から支え続けることが望ましい。
日本は１９７２年に中国と国交を正常化し、同時に台湾当局と断交した。しかし、その後も非政府間の実務関係は継続・拡大しており、日台の経済関係の強化には中国も異を唱えられない。日本側の関係者には、台湾の特殊な外交環境や産業・技術の強み・弱みを冷静に理解したうえで、その経済安保を実務的に支えていく施策を期待したい。

【参考文献】

（日本語）

伊藤信悟（2018）「馬英九政権の『中国活用型発展戦略』とその成果」松田康博、清水麗編著『現代台湾の政治経済と中台関係』晃洋書房

日本貿易振興機構（2022）『台湾における半導体産業について 台湾の関連政策と主要企業のサプライチェーン調査』

アジア・太平洋総合研究センター（2022）『台湾の科学技術力――蔡英文政権のイノベーション政策と基礎研究動向』科学技術振興機構

山田周平（2020）「台湾にみる米中ハイテク分断の最前線」宮本雄二、伊集院敦、日本経済研究センター編著『米中分断の虚実』日本経済新聞出版

――（2021）「東アジア経済安保のカギ握る半導体の覇者ＴＳＭＣ」『外交』Ｖｏｌ．68、都市出版

『日本経済新聞』『日本貿易振興機構ビジネス短信』

〈中国語〉

台湾・経済部統計処（2022）『当前経済情勢概観（専題：簡析回臺投資對我經濟之效益）』

『中央通訊』

台湾の総統府・財政部・経済部、企業の公開資料

第6章

ASEAN、米中の狭間で風見鶏

メガFTAは「掛け持ち」

富山 篤
日本経済研究センター主任研究員
兼アジア予測室長

ASEAN10カ国の貿易総額に占める中国・米国の割合

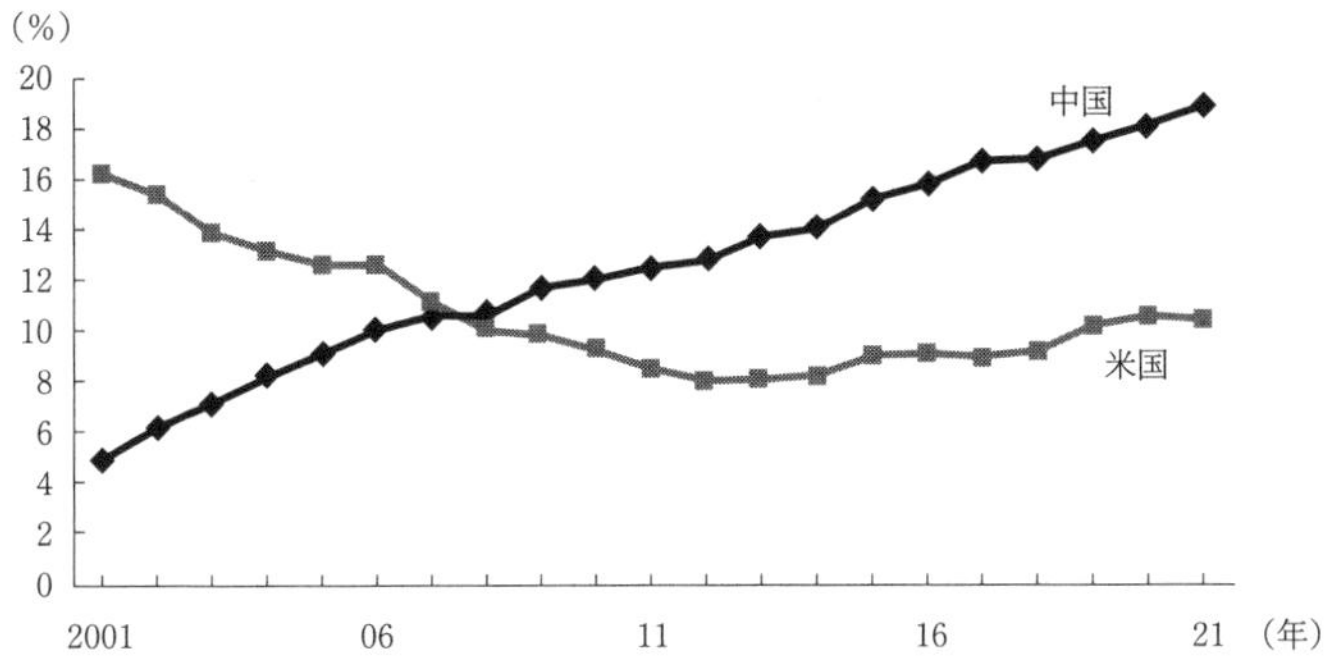

資料：IMF, Direction of Trade Statistics をもとに筆者作成

Point

●米中のデカップリング（分断）が進むなか、東南アジア諸国連合（ASEAN）は中国への輸入依存度が高まり、米国は輸出先としての魅力が高まっている。製品や原料を自国で完全に内製化できるほど国力を持った国はまだなく、中国と米国を両にらみしながらデカップリングの影響を最小化しようとしている。

●インフラ整備、海外直接投資（FDI）でも中国の存在感が高まる。カンボジア、ラオス、ミャンマーなどその〝恩義〟から外交面で中国に傾斜する国が増えている。全会一致が原則のASEANが一枚岩ではなくなってきており、ASEANとしての国際的発言力は弱まりつつある。ASEAN内のデカップリングがさらに進む恐れがある。

●ASEAN各国の生きる道はメガFTA（自由貿易協定）への参加で、中国が主導する東アジアの地域的な包括的経済連携（RCEP）、米国が主導するインド太平洋経済枠組み（IPEF）、環太平洋経済連携協定（TPP）に相乗りする国が多数を占める。

1　ASEAN、強まる中国依存

ASEANは1990年代以降の急速な経済発展とともに生産拠点としての能力が高まった。そして「世界の工場」たる中国を補完する地位を確立していった。習近平氏は2021年11月、中国ASEAN台湾関係樹立30周年記念サミットで、「より緊密な中国ASEAN運命共同体の構築に向かって新たな一歩を踏み出す」とスピーチしている。

カンボジア、ラオス、ミャンマーのように明らかに中国への傾斜を強める国、ベトナム、マレーシアのように距離を保ちつつ経済的な依存を強める国、インドネシア、タイのように中立的に良好な関係を築こうとする国と、ASEAN内でも中国との付き合い方には温度差がある。しかし、ラオスとブルネイを除く8カ国が最大の輸入相手国は中国であり、ベトナムやタイのように米国を主要な輸出先とする国もある。米中のデカップリングは、ASEAN各国の外交政策をより複雑にする。

中国からの輸入、10年で2・4倍

ASEANの輸入元の国・地域の推移を見ると、中国依存の高まりが分かる（図表6－1）。

［図表6－1］ASEAN10カ国の輸入元は中国の割合が急増

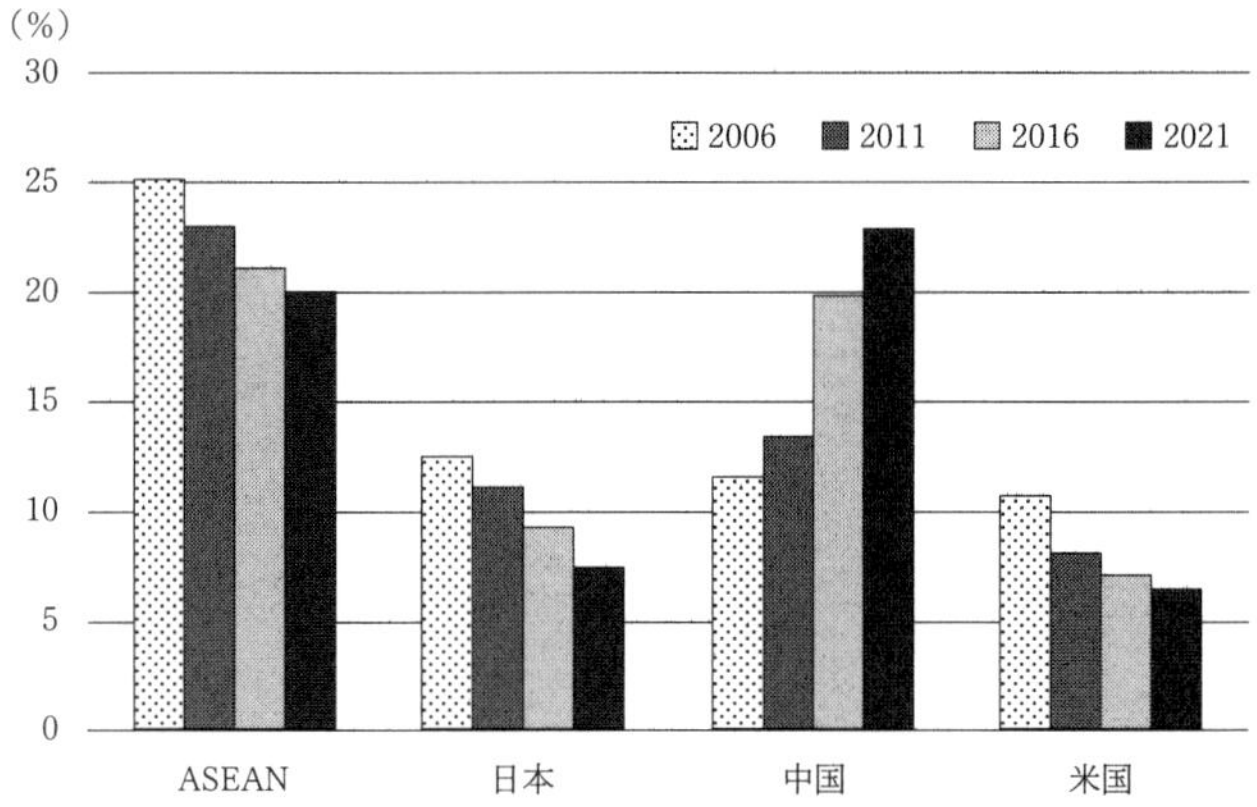

資料：IMF, Direction of Trade Statistics をもとに筆者作成

2021年のASEAN10カ国の中国からの輸入額は3807億ドルと、国・地域別で首位だった。19年に初めてASEAN域内からの輸入を中国が抜いて以降、3年連続の首位だ。11年と比べると、中国からの輸入額は2・4倍に増えた。

なぜ中国からASEANへの輸入が急増しているのかは、中国の輸出先のランキングを見ると分かる。21年の輸出先上位10カ国・地域で、5位にベトナム、10位にマレーシアが入った。11年のランキングにはASEANではシンガポールしか入っていない（図表6－2）。

両国はASEANのなかでもハイテク製品の生産拠点として注目が高まる国だ。ベトナムは09年に韓国サムスン電子が北部バクニン省に携帯電話・部品の工場を新設し、14年には北部タイグエン省に第2工場を竣工した。21年で約2億6000万台に上るサムスンの世界出荷の約50%が、ベトナムの2工場で生産されている。23年は世界的な需要低迷もあり、ベトナムでの生産比率は46％に下がる見通しだが、同国がサムスンにとって世界最大の生産拠点であることに変わりはない。22年12月には2億2000万ドルを投じて、同社として東南アジア最大となる研究開発センターをハノイに設立した。23年7月には半導体パッケージの生産基盤の量産も始める。米中デカップリングによる悪影響を最小限に抑えようとの狙いが見える。

　マレーシアも半導体の生産拠点として注目が高まっている。米インテルが工場を稼働するなど「パッケージング」といわれる後工程が目立っていたが、今後、前工程のメーカーも増えるとみられている。最大手の米アプライド・マテリアルズ、米KLA、蘭ASMインターナショナルな

［図表６－２］中国の輸出先上位10カ国・地域

	2011年	2021年
①	米国	米国
②	香港	香港
③	日本	日本
④	韓国	韓国
⑤	ドイツ	ベトナム
⑥	オランダ	ドイツ
⑦	インド	オランダ
⑧	英国	インド
⑨	ロシア	英国
⑩	シンガポール	マレーシア

［図表６－３］ASEAN 各国の輸入相手国
（2021年、カッコは割合）

	1位	2位
カンボジア	中国（33.7%）	シンガポール（17.8%）
ベトナム	中国（33.2%）	韓国（17.0%）
ミャンマー	中国（29.4%）	シンガポール（19.1%）
インドネシア	中国（28.7%）	シンガポール（7.9%）
タイ	中国（24.8%）	日本（13.3%）
マレーシア	中国（23.2%）	シンガポール（9.5%）
フィリピン	中国（22.7%）	日本（9.5%）
シンガポール	中国（13.4%）	マレーシア（13.2%）

資料：図表６－２、６－３ともに各国政府統計などをもとに筆者作成

サムスン電子の越バクニン省の工場（筆者撮影）

［図表6－4］ASEAN各国のGDPに対する政府債務の割合

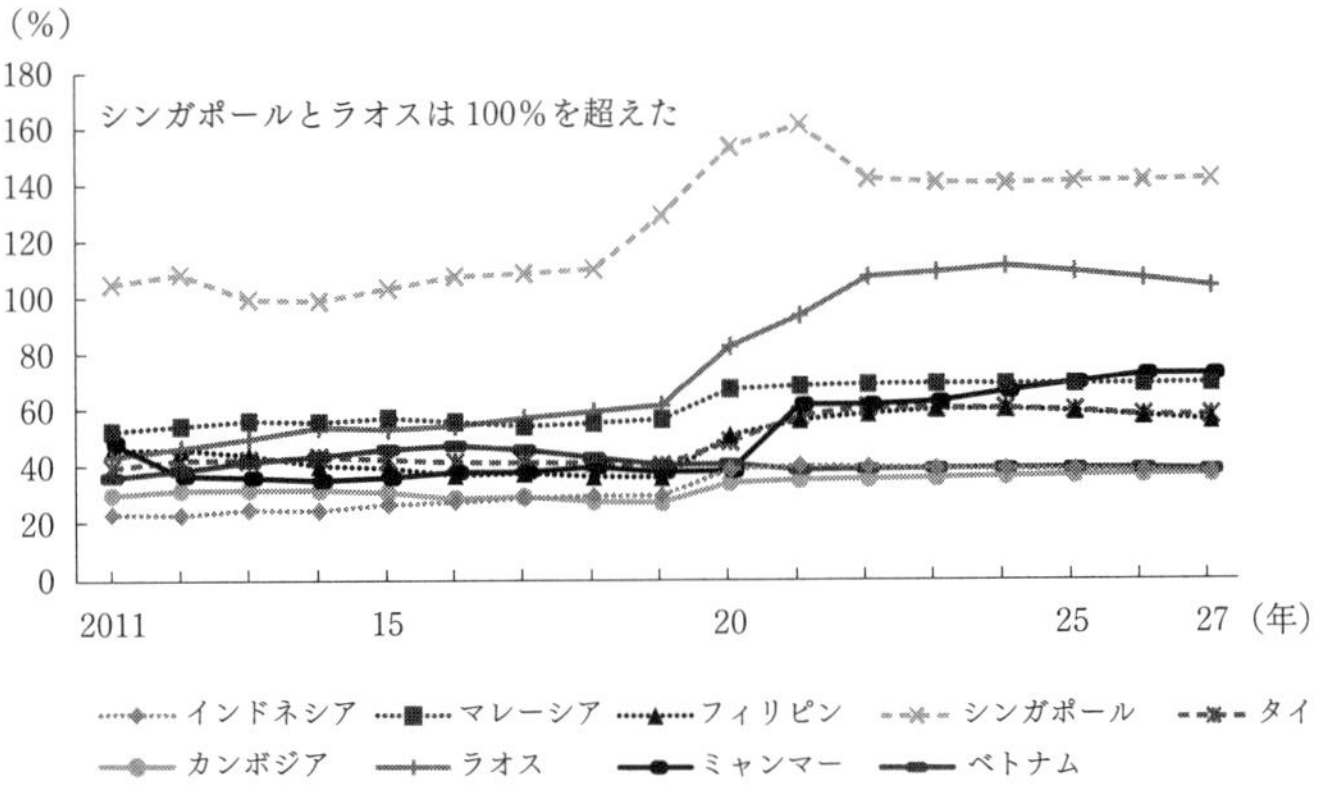

資料：IMF, World Economic Outlook,October 2022をもとに筆者作成

ど世界的な半導体製造装置メーカーが工場を設置しているほか、前工程に特化した米ラム・リサーチが21年8月にマレーシアに進出した。

両国以外でも、ASEANには輸入面で中国に依存している国が多い。21年実績で見ると、ラオスとブルネイを除く8カ国で最大の輸入相手国が中国だ（図表6－3）。

インフラの恩を外交で返す

ASEANの中国依存は輸入面だけではない。中国はアジア新興国でインフラ整備の支援を推し進めており、なかでも中国が掲げる広域経済圏構想「一帯一路」に関わる地域が多い東南アジアで盛んだ。

2015年に中国が主導して設立した初の国際開発金融機関「アジアインフラ投資銀行（AIIB）」は資金調達面でインフラ整備を後押しする。米国主導の国際通貨基金（IMF）、日米主導のアジア開発銀行（ADB）の中国版という位置づけだ。AIIBのホームページ（23年1月下旬時点）によると、加盟国は103カ国で、世界の総人口の79％、国内総生産（GDP）の65％を占める。主要7カ国（G7）では日本と米国だけが加盟していない。

23年1月20日までにAIIBが承認したプロジェクトは33カ国205件で、分野はエネルギー、交通、水道関連、都市開発と幅広い。総額は承認された分だけで394億ドルに達する。

東南アジアの新興国ではインフラ整備が途上で、政府債務が過剰な国が目立つ。その典型がラオスだ。IMFによると、ラオスのGDPに対する政府債務残高の割合は22年に初めて100％を超え、27年まで続く（図表6－4）。

中国ラオス鉄道（ラオス国家鉄道庁提供）

過剰な政府債務の一因となっているのが対中債務。米民間調査機関のエイドデータ研究所が21年9月に発表した報告書によると、ラオスの対中隠れ債務はGDP比35％で、政府が公表している対中債務と合わせると同64％に達する。

中国企業とラオス政府が合弁で整備していたラオスで初の高速道路「中国ラオス高速道路」は20年12月、首都ビエンチャンと同国中部の観光地バンビエンをつなぐ一部区間（110キロメートル）が開通した。今後、中国国境のボーテンまで、総延長441キロメートルが開通する見通し。鉄路でも中国・雲南省からラオスを縦断する全長1035キロメートル（ラオス側は422キロメートル）の国際長距離鉄道も21年12月に開業した。いずれも中国の「一帯一路」

[図表6-5] カンボジアへの投資は中国が圧倒的に多い

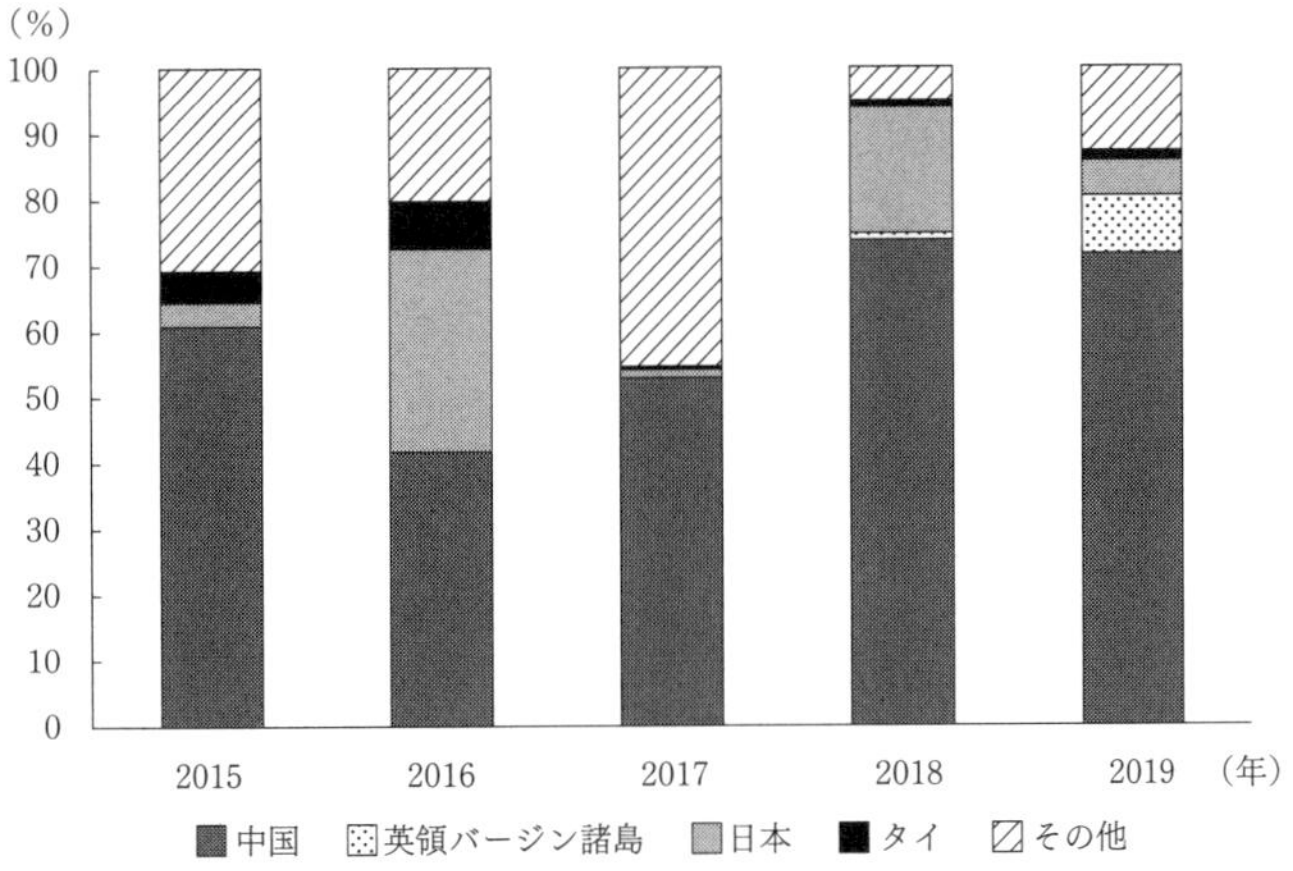

資料:カンボジア開発評議会(CDC)の資料をもとに筆者作成

政策に密接に関連したインフラだ。

ラオス外務省がASEAN地域フォーラムで、「『2つの中国』の状況をつくり出そうとするあらゆる意図に反対する」とわざわざ発言するなど中国傾斜が加速している背景には、インフラ整備と経済面での中国依存がある。

この構図はカンボジアも顕著だ。2023年で首相就任から38年になるフン・セン首相は中国寄りの発言を国際会議で繰り返しており、中国の威光を背景に国内での独裁も止まらない。GDPに占める政府債務比率は2022年で37%と、ASEANの他の国に比べれば低いものの、輸入額では中国が33・7%とASEANで一番高い。首都プノンペンや港湾都市のシハヌークビルでは中国資本のビルが次々と建設され、カジノやホテルなど中国系の企業がビジネスを展開する。

カンボジア開発協議会(CDC)によると、国別の適格投資案件(QIP)で中国は、2011

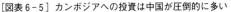

年以降9年連続でトップ。最新の2019年は中国が78・2%、中国企業の迂回投資先に使われているとみられる英領バージン諸島も含めると、88%に上る（図表6－5）。

外交の場での中国擁護のみならず、軍事面でもカンボジアは中国に接近する。台湾に面するカンボジア海軍のリアム基地は中国が軍事利用するのではないか、と懸念されている。タイ湾に面し、マラッカ海峡など日本にとっても重要なシーレーンにも近いリアム基地を中国が利用するとなれば、南シナ海、インド太平洋地域の安全保障に影響を与えかねない。

選挙演説するフン・セン首相（2018年、プノンペン、筆者撮影）

ミャンマーでも中国依存が進む。もともと貿易面では輸入で34%、輸出で26%（いずれも2021年実績）と中国が最大の貿易相手国だ。21年2月に起きた国軍によるクーデター以降、先進国の援助がほぼ停止するなか、インフラ整備の手を差し伸べてきたのが中国。中国国境近くのムセとミャンマー西部の港湾都市・チャウピューを結ぶ鉄道を、中国国有の中国中鉄が主導で施工する計画だ。ムセから途中のマンダレーまでだけでも、総事業費は89億ドルとされる。

ラオス、カンボジア、ミャンマーがこうした中国からのインフラ整備や投資の〝恩義〟を外交の場面で恩返しする構図は、今後も進む可能性が高い。

ASEANは全会一致が原則で、一国でも反対すれば共同声明として発表することができない。16年5月、南シナ海問題について中国の主張を否定したオランダ・ハーグの仲裁裁判所の判決に言及することをフィリピンなどが求めたのに対し、カンボジアが強硬に反対して言及できなかった。中国外務省はホームページで、カンボジアの立場が正しいとのコメントを出した。

この構図は当面続くとみられ、ASEANはもはや政治的には一枚岩ではないといえるだろう。

2 メガFTA相乗りでいいとこ取り

ASEANで部品・原材料を内製化し、経済安全保障を構築できる国はまだ少ない。経済成長が進んだシンガポールは国土が狭すぎるし、経済規模が大きいインドネシアはまだ中進国で、1万以上の島からなる地理的なデメリットもある。米中のデカップリングが進むなか、活路の1つはメガFTAで、米国が主導するIPEF、中国が主導するRCEP、日本が主導するTPPに相乗りし、サプライチェーン(供給網)を多元化しつつ、〝いいとこ取り〟をすることだ。

CLM以外は相乗り

ASEAN各国のメガFTAへの参加状況を見ると、米中との付き合い方が垣間見える。CL

［図表6－6］米中日が主導するメガFTA加盟国

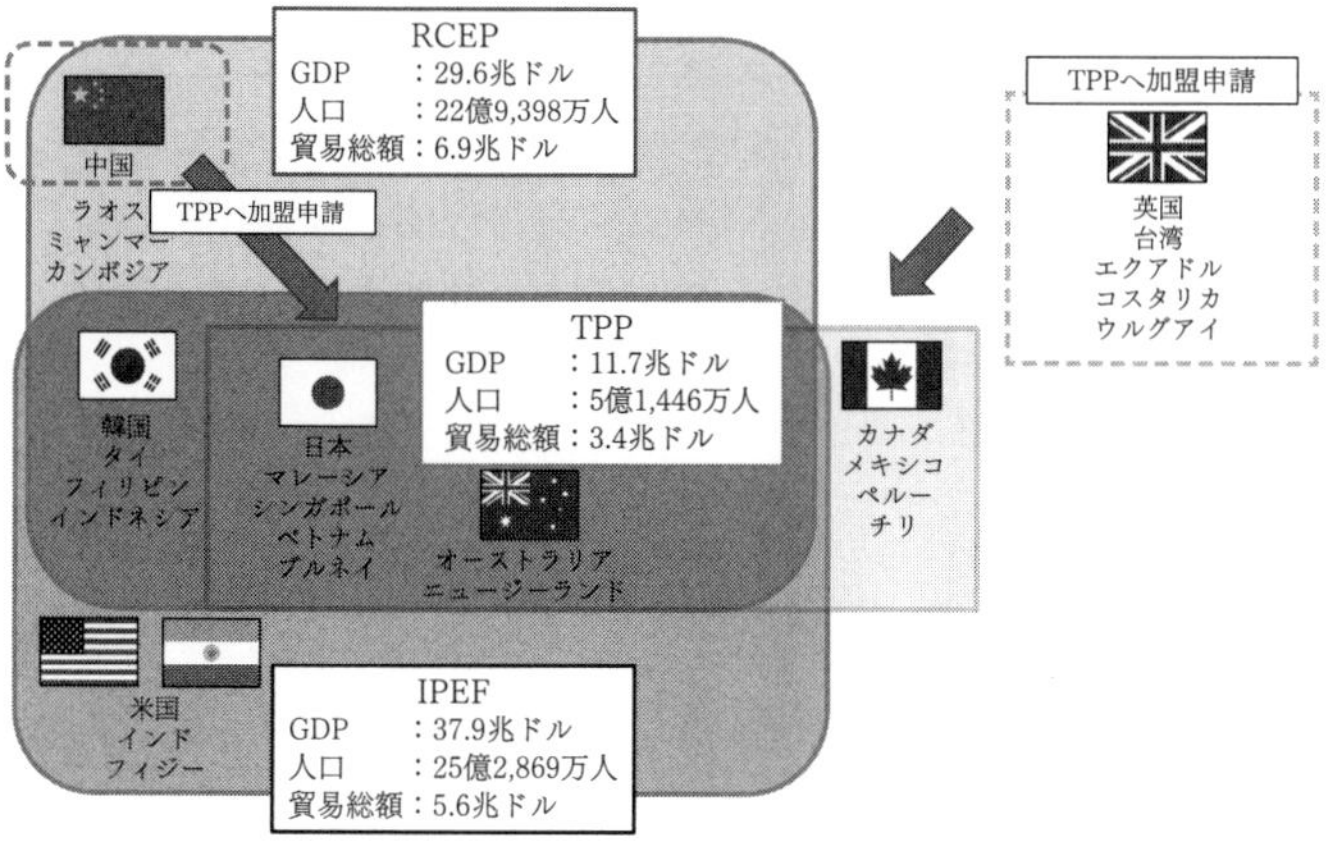

注：各数値は2021年のもの
資料：世界銀行、ITC, Trade Map, Haver Analytics

Ｍと呼ばれるカンボジア、ラオス、ミャンマーは政治・経済両面で中国寄りの姿勢を強めており、ＲＣＥＰのみに加盟する。一方、他の7カ国はＲＣＥＰとＩＰＥＦに相乗り。半導体やスマホといったハイテク機器の生産拠点として台頭しているマレーシアやベトナムなどは、ＴＰＰにも加盟している（図表6－6）。

ＡＳＥＡＮにとって部品・原材料の輸入元として中国の存在が大きいことは述べた。輸出面で見ると、中国と米国が伸びていることが分かる（図表6－7）。

特に米国向けの輸出は２０１０年代初めまで日本向けと同程度で推移していたのが、14年以降は差が開き、21年の米国向け輸出は２５７１億ドルと、日本向けの2・3倍にまでその差が開いた。ＡＳＥＡＮの対米輸出全体の約4割と最も多く、増加率も大きいのがベトナムで、過去10年間で5・7倍に増えた（図表6－8）。

［図表 6－7］ ASEAN 10カ国の輸出先は米中ともに増加

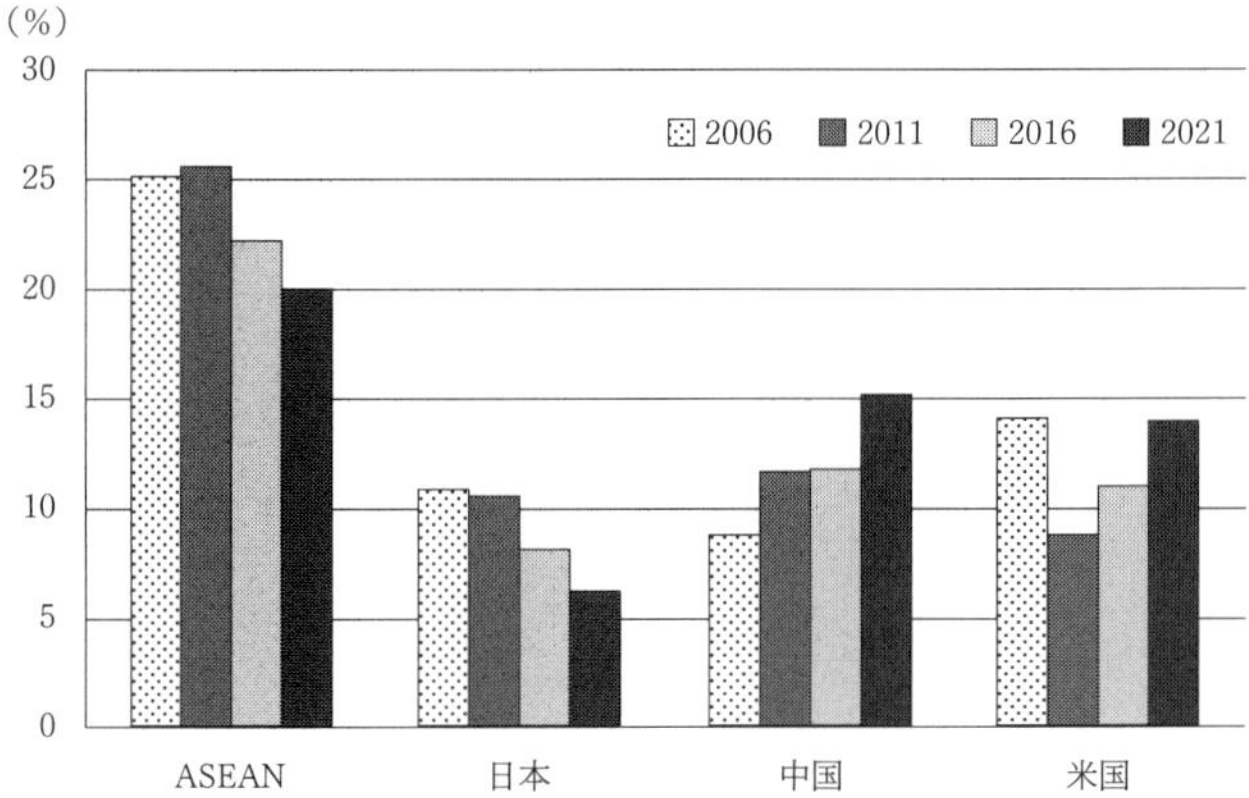

資料：IMF, Direction of Trade Statistics をもとに筆者作成

［図表 6－8］ 対米輸出はベトナムが10年間で5.7倍に増えた

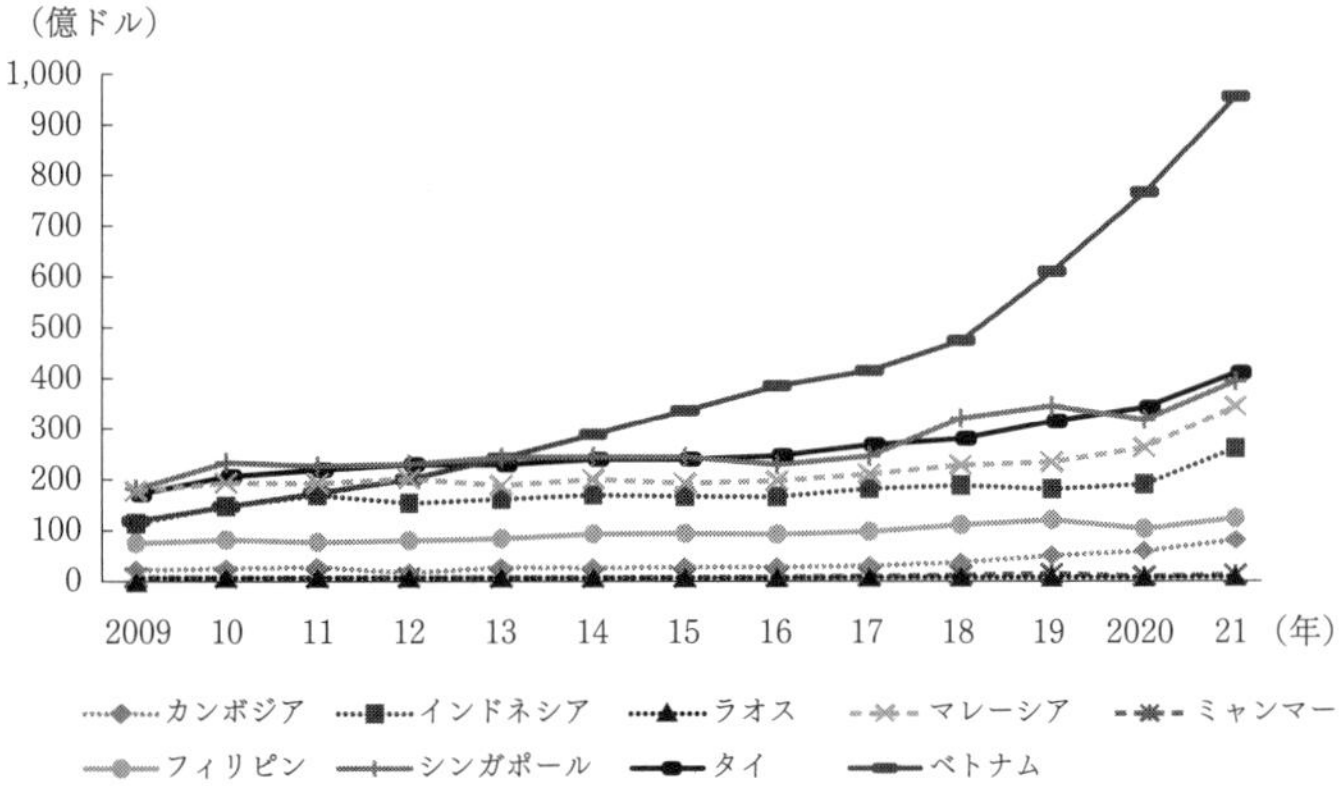

資料：IMF, Direction of Trade Statistics をもとに筆者作成

［図表6－9］メガFTAでASEANの商機は大きく拡大する（単位は％）

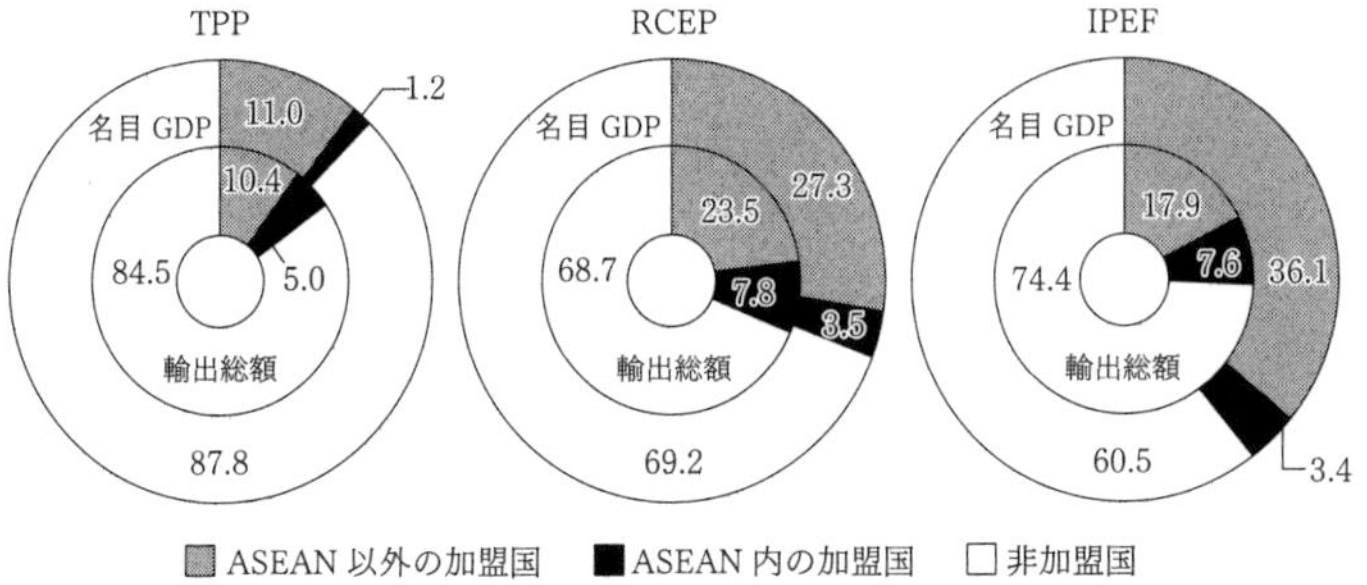

資料：IMF, World Economic Outlook,October 2022, Direction of Trade Statistics

前述のとおり、ベトナムは09年と14年に韓国サムスン電子の携帯電話・部品の巨大工場が稼働したほか、米中貿易摩擦で国境を接する中国からの生産移転も進んだ。

マレーシアからは半導体や集積回路（IC）、タイからは食品や果物、カンボジアからは縫製品や靴など対米輸出は順調に伸びている国が多い。所得水準が高い3億人を超える人口を抱える巨大市場で、利上げによるドル高傾向もあってASEANからすれば輸出競争力が増す。ASEANは輸入面で中国との距離を大きくとるわけにはいかないが、魅力的な米国市場も失いたくないという思いも働く。

「リージョナル＆グローバル」で経済安保実現

米中デカップリングは2023年以降確実に進むとみられ、とりわけハイテク製品への影響は大きいだろう。ASEANの中国への経済的依存は特に部品・原材料調達においてすぐに変わることはないと思われ、むしろ強まる可能性がある。そしてインフラ整備の面でも、「一帯一路」政策で積極的に開発を後押しする中国とは対照的に、米国はフェードアウトしている感

［図表 6 -10］ASEAN 各国の分野別の関係が深い国

	貿易	インフラ・投資	軍事
インドネシア	中国	中国、日本	中国
タイ	中国、米国	中国、日本	米国
シンガポール	中国	米国	米国、FPDA
フィリピン	中国、米国	シンガポール、中国	米国
マレーシア	中国	米国、欧州	FPDA
ベトナム	中国、米国	韓国、中国、日本	ロシア
ミャンマー	中国	中国、日本	中国
カンボジア	中国、米国	中国	中国
ラオス	タイ	中国、韓国、日本	中国
ブルネイ	シンガポール	—	マレーシア

注：FPDA（Five Power Defence Arrangements：5カ国防衛取極）は英、オーストラリア、ニュージーランド、シンガポール、マレーシアによる軍事同盟
資料：各国政府統計、ミリタリーバランスなどをもとに筆者作成

じさえある。

その理由は、米国が一枚岩ではなくなったASEANに嫌気が差したことがあるように思える。南洋理工大学の古賀慶准教授は、「米国はASEANのようなコンセンサス重視で決定に時間がかかる外交プロセスを好まず、『ASEAN疲れ』を起こした」と指摘する。オバマ政権でASEAN政策に力を入れたことがあまり実を結ばなかった結果、トランプ政権、バイデン政権とASEANへのコミットメントは弱まったのだとみる。

その間、中国の存在感は格段に増した。本章第1節「ASEAN、強まる中国依存」で解説したように、貿易、インフラ投資の両面でASEANにおいて中国は必要不可欠な存在になった。カンボジア、ラオス、ミャンマーに至っては中国陣営と言っても過言ではないほどになってきたし、ベトナムで23年1月に序列2位のグエン・スアン・フック国家主席が汚職に絡んで更迭されたことも

中国寄りの勢力が米国寄りとされるフック氏を失脚に追い込んだ、との噂がある。

米中デカップリングが進み、ハイテク製品での中国への悪影響が大きくなると、中国を軸としたサプライチェーンを変更する必要が出てくる。

「チャイナプラスワン」の筆頭として生産移転が相次ぐベトナムでは、サムスン電子が同国での半導体パッケージの製造を２０２３年中に始める。ハノイのある電子機器メーカーは「デカップリングで中国産の部品供給が滞る可能性を見越し、マレーシアやシンガポールなど代替調達先を探している」と明かした。

ベトナムは日米との防衛協力を進めるが、兵器は9割以上がロシア製（越カムラン湾、筆者撮影）

マレーシアに欧米などから半導体関連の投資が相次いでいることも、サプライチェーンを多元化しようとする動きだ。マレーシアは政府も投資に優遇措置を設けているうえ、米国通商代表部（ＵＳＴＲ）が知的財産保護のために作成している監視対象国リストに入っていないことも追い風だ。ＡＳＥＡＮではインドネシアとタイが優先監視リスト、ベトナムが監視リストに入っている。

ＡＳＥＡＮの生きる道の1つは、域内での調達を増やし、域内である程度完結するサプライチェーンを構築し、中国の影響を少なくすることだ。仮に中国から半導体などの調達が難しくなったとき、自国内は無理にしても、

ＡＳＥＡＮ域内から一定量を調達できるようにすれば、傷は浅くて済む。半導体分野では「後工程」に強いマレーシアが「前工程」も強化し始めたように、国・地域ごとに補完しあえるような形にするのが理想だろう。

そして、メガＦＴＡの掛け持ち加盟によって有望な輸出先はなるべく多く確保する。ＣＬＭ以外の7カ国が掛け持ち加盟していることは、その危機感の表れといえる。

経済安全保障を一朝一夕に構築することは大国であっても難しい。いわんや中進国、新興国が多いＡＳＥＡＮではなおさらだ。〝風見鶏〟は情勢によって態度を変える悪い意味に使われることもあるが、米中デカップリングやウクライナ危機など先が見通せない時代にあっては、活路を見出す重要な戦略になりうる。

【参考文献】

（日本語）

梅田邦夫（2021）『ベトナムを知れば見えてくる日本の危機――「対中警戒感」を共有する新・同盟国』小学館

川島真（2022）「中国から見たＡＳＥＡＮ／東南アジア」
https://www.mofa.go.jp/mofaj/files/100134669.pdf（閲覧日：２０２３年1月20日）

古賀慶（2022）「インド太平洋地域秩序構築と東南アジア――米国政策コミュニティにおける東南アジア・ＡＳＥＡＮへの関心と現状」
https://www.spf.org/jpus-insights/views-from-inside-america/20221021.html#note5（閲覧日：２０２３年1月17日）

習近平（2021）「習主席の中国ＡＳＥＡＮ対話30年サミット演説全文」中華人民共和国駐日本国大使館ホームページ
http://jp.china-embassy.gov.cn/jpn/jzzg/202111/t20211123_10451820.htm（閲覧日：２０２２年12月29日）
日本経済研究センター（2022）「テクノウォーと中国減速、アジアに影」
日本貿易振興機構（2021）「中国企業、カンボジアで圧倒的な存在感」
野木森稔、佐野淳也（2020）「強まるＡＳＥＡＮ・中国経済のつながり――ＡＳＥＡＮの対米中バランス外交継続に落とし穴」
https://www.jri.co.jp/page.jsp?id=36956（閲覧日：２０２２年12月28日）
『日本経済新聞』『日経クロステック』『新華社』『読売新聞』

（英語）

Aid Data（2021）“Tracking Chinese Development Finance An Application of AidData’s TUFF 2.0 Methodology”
Anna Gelpern, Sebastian Horn, Scott Morris, Brad Parks, Christoph Trebesch（2021）“How China Lends -A rare look into 100 debt contracts with foreign governments”
Goh Chok Tong（2000）“ASEAN-US Relations: Challenges”, *Asia Society*
https://asiasociety.org/asean-us-relations-challenges（accessed 2022-12-11）
Rahman Hussin（2023）“Ways to save Malaysia’s semiconductor industry”. FMT（Free Malaysia Today）
https://www.freemalaysiatoday.com/category/opinion/2023/01/28/ways-to-save-malaysias-semiconductor-industry/（accessed 2023-1-29）
U.S.Department of Commerce（2022）“Commerce Implements New Export Controls on Advanced Computing and Semiconductor Manufacturing Items to the People’s Republic of China”
https://www.bis.doc.gov/index.php/documents/about-bis/newsroom/press-releases/3158-2022-10-07-bis-press-release-advanced-computing-and-semiconductor-manufacturing-controls-final/file（accessed 2022-12-18）

（ベトナム語）

VN Express"Samsung sẽ nâng vốn đầu tư tại Việt Nam lên 20 tỷ USD (Samsung will raise investment capital in Vietnam to 20 billion USD)"
https://vnexpress.net/samsung-se-nang-von-dau-tu-tai-viet-nam-len-20-ty-usd-4544773.html (accessed 2022-12-7)

Tuổi Trẻ "Đưa Việt Nam là cứ điểm quan trọng nhất của Samsung (Making Vietnam the most important base of Samsung)"
https://tuoitre.vn/dua-viet-nam-la-cu-diem-quan-trong-nhat-cua-samsung-20221223231606076.htm (accessed 2023-1-22)

第7章

インド経済外交の多元方程式

中国、パキスタン、ロシアそしてG20

山田 剛
日本経済研究センター主任研究員兼
日本経済新聞シニアライター

インドの国別化石燃料輸入額

（100万ドル、各年4－10月累計）

国名	2021年	シェア（%）	2022年	シェア（%）
オーストラリア	6,257	6.4	9,985	6.0
インドネシア	3,725	3.8	10,822	6.5
イラク	15,074	15.4	22,948	13.9
クウェート	5,140	5.3	6,659	4.0
ナイジェリア	5,195	5.3	4,668	2.8
オマーン	2,432	2.5	3,556	2.1
カタール	5,256	5.4	8,795	5.3
ロシア	**2,544**	**2.6**	**21,045**	**12.7**
サウジアラビア	12,199	12.5	21,166	12.8
その他	40,018	40.9	55,904	33.8
輸入合計	97,839	100.0	165,550	100.0

資料：インド商工省

Point

- 2020年の両軍衝突で悪化した印中関係にはようやく改善の兆しが見えてきた。部品や素材の国産化を狙って政府が掲げた中国製品ボイコットは失敗したが、産業界に国産化を促した効果は認められる。
- ウクライナ侵攻で制裁下にあるロシアとの緊密な関係は、欧米諸国からの反発を招き、印米関係にも影響を与えかねない情勢だ。これを踏まえ、インドはロシアに対し、停戦に向けて一歩踏み込んだ姿勢を示し始めた。
- こうした情勢下、インドは20カ国・地域（G20）の議長国に就任。新興国の利益を代表して先進国やロシア、中国といった錚々《そうそう》たる加盟国と渡り合う。米国との協力関係拡大も重要なテーマとなってくる。

1 はじめに——真価問われるインド外交

2022年12月、インドは20カ国・地域（G20）の議長国をインドネシアから引き継ぎ、世界最大の「国際機関」のまとめ役としてロシア・ウクライナ危機や途上国の債務問題、環境や食糧といった世界的な重要課題に取り組むことになった。

だが、荒海に乗り出すインド外交の地図は複雑かつ難解だ。20年6月、ヒマラヤ南麓のガルワン渓谷で起きた印中両国軍の衝突事件をきっかけにインド社会では中国への敵対心が燃え上がり、政府は国内企業に「中国製品ボイコット」を呼びかけた。

コロナ禍を乗り切ったインドは最近ようやく中国との関係正常化に動き始めたが、緊張関係が続く隣国パキスタンとの和平プロセスは、19年に起きたイスラム過激派テロに対してインド軍が行った過激派拠点への報復攻撃によってほぼストップ。さらにインドによる北部カシミール地方の「併合」が、印パ和平を大きく阻害している。

インドの立場を難しくしているもう1つの要因が、ウクライナ危機の当事者で国際社会から経済制裁を科されているロシアとの親密な関係だ。インドは旧ソ連時代からの伝統的友好国であるロシアから「割引価格」で原油を輸入し大きな利益を得ているが、これが国際社会から厳しく批判され、一時は米国が対印制裁に動くとの観測まで浮上した。そうした一方で、インドは日米やオーストラリアとともに「自由で開かれたインド太平洋」構想の実現を担う4カ国「Ｑｕａｄ（クアッド）」の一員としても重要な役割を負う。こうした多元連立方程式をどう解いていくのか――インド外交にとって極めて重要な1年が始まった。

2　アジア超大国同士のあつれき

増大する中国のプレゼンス

インドは２０２３年7月にも中国を抜いて世界最大の人口大国となったと見られるが、インドより12年早く「改革・開放」に踏み出した中国は、共産党主導の迅速な意思決定で工業化とインフラ整備を推し進め、国内総生産（ＧＤＰ）がインドの約5倍に達する経済成長を達成した。

かつて「非同盟運動」の盟主としてともに歩んだインドと中国だが、１９６２年には国境紛争から局地的な戦争に突入。インドの高齢者の間には今なお中国への警戒感が残る。だが、インドの経済発展を支えたのは、中国から大量に輸入された安価な自動車部品や有機化学原料、肥料や医薬品原料、電子部品だった。インド・中国の2国間貿易額は２０２１年度には１２００億ドルを超え、インド側の大幅な赤字ながらも中国はインドにとって最大の貿易相手国となった（図表

［図表７－１］インド・中国の２国間貿易額

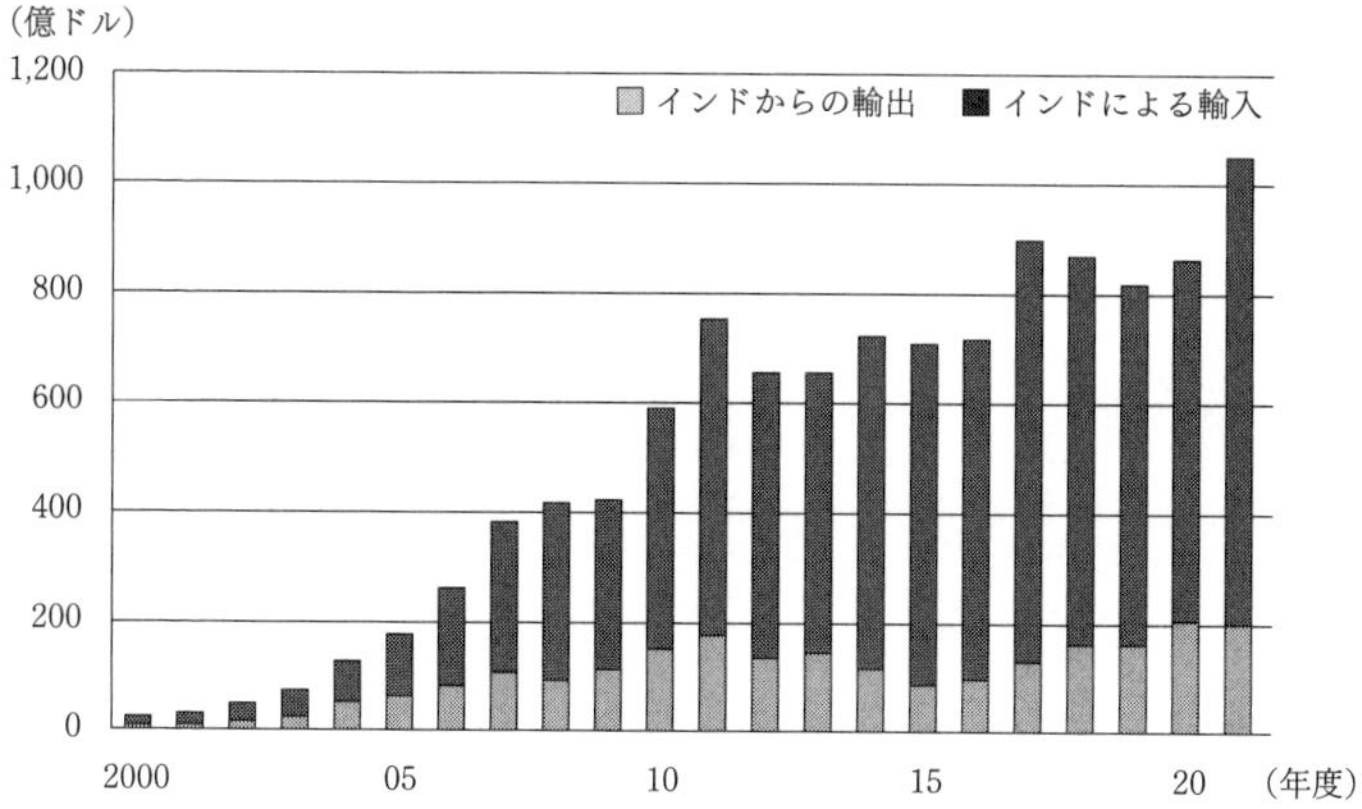

資料：インド商工省

７－１）。

２０００年前後までは、インド政府の政治的思惑もあって中国企業の対印直接投資案件がなかなか認可されないといった問題が相次いだが、２０００年代後半からは中国企業のインド進出が本格化する。華為技術（ファーウェイ）は15年、インド南部のIT（情報技術）都市ベンガルールに開発センターを開設。最大5億ドルを投資し、５００人のエンジニアを抱える国外最大の拠点に育てる方針だ。

モバイルペイメントの草分けペイティーエム（Paytm）やインターネット通販大手フリップカート、日本でも知られるホテル予約サイトのＯＹＯルームズなどインドの著名スタートアップ企業の多くに、アリババやテンセントなど有力中国企業が出資しており、コロナ禍前の20年3月時点でインドのユニコーン30社のうち18社が中国からの投資を受け入れている。

インドにはピーク時に８００社以上の中国企業が

進出、インド国内に75カ所の生産拠点を構えていた。世界最大の鉄道車両メーカー・中国中車（CRRC）はムンバイやベンガルール、ナーグプルなどのメトロ（都市高速鉄道、いわゆる地下鉄）向けに相次ぎ車両を供給、南部の巨大工業団地スリシティでの工場建設に着手し、インド国内生産も視野に入れている。年間1億4000万台以上のスマートフォンが売れるインドの携帯電話市場では、市場シェアの約70％が小米科技（シャオミ）やVivo、OPPOといった中国ブランドで、その多くがインドでの現地生産に乗り出している。

インド中央電力庁（CEA）によると、2011年から20年までにインド国内の火力発電所が調達したボイラーやタービン、発電機などの重要機器の約56％を中国製が占めた。19年には上海汽車集団（SAIC）傘下の英系MGモーターがインドでの現地生産を開始、ついに中国系企業がインドの自動車市場への参入を果たした。

インド商工省の統計では、2000年4月から22年12月までの中国による対印投資は累計で約24億6000万ドルと日本や米国などの10分の1以下だが、中国政府は「対印投資はすでに80億ドルを超えている」との立場だ。これは、香港やシンガポールなどにある中国系法人からの投資もカウントしているためとみられる。

一方、インド企業の中国進出も2000年代以降加速し、進出企業の数は50社を超えた。インド有力財閥タタ・グループ傘下のタタ紅茶（現タタ・コンシューマー・プロダクツ）や同じタタ系家電メーカーのボルタス、インド最大のIT企業タタ・コンサルタンシー・サービシズ（TCS）や同2位のインフォシスなどが相次ぎ中国でのビジネスを開始。タタ自動車傘下のジャガー・

ランドローバー（JLR）は中国・奇瑞汽車（チェリー）との合弁会社を設立し、江蘇省・常熟で2014年から現地生産を開始している。

多目的車大手マヒンドラ&マヒンドラのトラクター部門も、05年から合弁での現地生産に乗り出している。2010年代に入るとインド企業の対中投資はやや下火になるが、18年には新興医薬品メーカー、キャプリン・ポイント・ラボラトリーズが中国・海南島で合弁の工場建設に合意している。このように、印中のビジネス関係は予想を上回るスピードで質・ボリュームともに拡大している。

中国「脅威論」を国産化推進のテコに

こうしたなか、2020年の印中衝突事件によってインドの対中経済外交は一時的に大きな転換を迫られた。各地で中国製品や国旗に火を放って気勢を上げる市民たちに押され、政府は中国製品ボイコットを宣言、各企業にも中国製品の不使用を呼びかけた。連邦や州政府は中国企業に発注していた鉄道や発電所などの案件を「凍結する」と宣言、20年6月末には動画投稿アプリ「TikTok」や人気ロールプレイングゲーム「PUBG」など、中国製あるいは中国の関与が指摘されたスマホ用アプリなど59種類を使用禁止とした。禁止対象は5次にわたって拡大され、最終的には321種類に達している。

しかし、インド・モディ政権は事件に先立つ同年5月、すでに「アートマニルバール・バーラト（自立したインド）」を掲げ、工業原料や素材、部品などの輸入依存度を下げ、国産化を推進

［図表7－2］インドによる中国からの主な産業用資機材輸入額

品目（HSコード）	2019年度（100万ドル）	中国のシェア（%）	2020年度（100万ドル）	中国のシェア（%）	2021年度 4－12月（100万ドル）	前年同期比増減（%）	中国のシェア（%）
有機化学品（29）	7,970.43	40.2	8,974.24	45.6	9,314.44	44.7	43.8
肥料（31）	1,820.88	27.2	1,551.23	22.6	2,615.55	76.3	31.7
プラスチック製品（39）	2,714.82	19.1	2,530.53	19.0	3,222.42	103.3	22.0
機械類（84）	13,322.13	30.7	13,987.55	37.8	14,302.97	50.4	38.9
電子機器（85）	19,104.15	38.8	20,328.53	43.5	20,163.94	42.9	47.4
輸入合計	65,260.75	13.7	65,212.25	16.5	67,629.12	49.1	15.3

資料：インド商工省

する方針を打ち出していた。

ヒンドゥー教の価値観を重視する宗教色の濃いイデオロギーを掲げ、経済安全保障の観点からかねて部品・産業素材の中国依存度を下げたかったインド政府としては、反中国世論の盛り上がりをうまく利用したといえる。

政府は同年4月にも、中国企業のプレゼンス増大を警戒し「国境を接する国」からの海外投資に対する規制強化を発表しているので、衝突事件は中国企業の勢いを抑えるうえで「渡りに船」だった可能性もある。

こうした政策の背景には根強い中国への警戒感がある。2010年には当時爆発的に加入者を増やしていた携帯電話プロバイダーが競って輸入していた中国製通信機器にスパイウェアがインストールされている、との疑惑が浮上。政府が急遽輸入禁止措置をとる騒ぎとなり、中国側がソースコードの公開などを表明したため数カ月で禁輸は解除されたが、これも中国の脅威を増幅する結果となった。

公式には発表されてはいないが、インドの軍人や警察官などの公務員は、情報漏洩防止の観点から中国ブランドのスマートフォンの購入・使用を自粛するよう通達が出ている。2010年代末には中国企業によるインド企業への出資が相次ぎ、これを政府が問題視したことも規制導入の理由の1つであるとされる。

こうした規制強化で重要な工業原料や部品の国産化が促されれば、技術の確立はもちろん貿易赤字の削減や雇用拡大にもつながる、一石二鳥の政策となるはずだった。しかし、政府の思惑とは裏腹に、中国製品ボイコットは見事に失敗する。折からのコロナ禍で中国以外からの輸入が細り、ほとんどのアイテムでかえって中国製品のシェアが高まる結果となったからだ。有機化学品や電子機器などの主要原材料や部品の輸入は減少するどころか、金額・シェアともに増加した（図表7－2）。

そもそも民間企業の多くが政府の指導には従わなかった。生産性向上が思ったように進まないインド製造業の多くが、肥料や化学原料、自動車部品など、安価で一定の品質が保証されデリバリーが迅速な中国製品に大きく依存していることが改めて浮き彫りとなった。

インドにとって中国は貿易総額の15～16％を占めている重要な相手国だが、中国から見れば対インド貿易のシェアは2％前後。仮にインドのボイコットが機能したとしても中国は痛くもかゆくもなかった。インド政府も、中国製品ボイコットが最初から無理筋であることはさすがに理解していただろう。

生きている交渉チャネル

双方に多くの死者を出す軍同士の衝突によって印中関係が決定的に悪化したような印象があるが、まったくそうではない。事件直後の2020年9月には上海協力機構（SCO）国防相会議が開かれたモスクワで印中両国の国防相が会談し、早くも事態収拾を協議している。その後も両軍の軍団長クラス（陸軍中将相当）による定期会合や、国境問題解決をめぐる事務レベル協議などが、現在まで淡々と進んでいる。

21年2月、両国は実効支配線（LAC）の警戒や安定維持に関して改めて合意に達し、約8カ月ぶりに、衝突があったガルワン渓谷からの撤退が完了した。

中印両国は2国間に国境紛争があることを公式に認め、問題解決のための枠組みに関する協議を進めている。1990年代からは外務次官級の共同作業グループ会合が定期的に開かれ、その後も2000年代半ばから特別代表会談がスタートし、中国からは外相、インドからは国家安全保障顧問（NSA）が出席している。こうした国境問題をめぐる会議は1980年代以降、閣僚級、事務レベルなども含めて90回以上にわたって開かれている。

印中関係においては、領土をめぐる中国側の不規則発言や国境地帯での小競り合い、経済面では貿易摩擦やスパイウェア疑惑といったトラブルを経つつも、最悪の事態を回避する対話メカニズムが機能していることは注目に値する。2022年12月には印中国境線の東端、いわゆる「マクマホン・ライン」に近いインド側アルナチャル・プラデシュ州付近で軍同士の小競り合いが起きた。インド側外務省関係者は「北京からの指示ではなく、現場での偶発的事態」とみており、

[図表7－3] インドと中国の関係史

1914年	英領インドとチベット王国が双方の境界としての「マクマホン・ライン」に合意
1947	インド独立
1949	中華人民共和国建国
1950	印中両国が国交樹立
1955	インドネシアで開いたアジア・アフリカ会議（バンドン会議）にネール首相、周恩来首相らが出席
1962	国境紛争から印中両国軍が局地的な軍事衝突。中国軍が実質勝利し、カシミール地方北部アクサイ・チンなどを実効支配
1967	インド北東部の国境地帯ナトゥラ峠などで印中両軍が小競り合い
1975	インド北東部アルナチャル・プラデシュ州（当時は連邦直轄地）の国境地帯で印中両軍が衝突、インド側に4人の死者
1976	大使級の外交関係が復活
1987	アルナチャル・プラデシュ州の成立をめぐって緊張が高まり、国境地帯で両軍が小競り合い
2005	中国が印北東部シッキム州に対する領有権の主張を取り下げ
2006	駐印中国大使が「アルナチャル・プラデシュ州は中国領」と発言、インド側が反発
2010	インドが輸入する中国製通信機器にスパイウェアが組み込まれているとの疑惑が浮上、印政府が一時輸入差し止め
2017	中国とブータンの係争地帯であるドクラムで印中両国軍が2カ月以上にわたってにらみ合い
2020	印中境界のガルワン渓谷で両軍が衝突、双方計60人以上が死亡。2021年2月までに両軍の撤退完了
2022	アルナチャル・プラデシュ州西部・タワン地区の境界線付近で両軍が小競り合い

資料：各種報道、政府発表をもとに筆者作成

ひとまず状態は安定している。

中国からの安価な輸入品、とりわけ農産物の大量流入を警戒して東アジアの地域的な包括的経済連携（RCEP）の交渉から離脱したインドだが、中国が主導する地域機関・SCOには17年にパキスタンとの同時加盟を果たした。同様に加盟国となった中央アジアへのアクセスを念頭に置いた決断だったとはいえ、外交的メンツよりも経済実利を優先する

2019年10月、インドの世界遺産マハーバリプラムを訪問した習近平主席（左）とモディ首相（印報道情報局提供）

インドの信念と度量を示したといえるだろう。

その後の産業政策においてもインドは、中国との緊張を最大限に「活用」しようとしている。インド政府は22年2月、補助金を支給して半導体産業を誘致する政策「インド半導体ミッション（ISM）」の募集に対して、内外5件の応募があったと発表した。このうち半導体工場については、アラブ首長国連邦（UAE）の投資ファンドとイスラエル企業によるコンソーシアム「ISMC」や、インド系資源開発大手ベダンタと台湾の半導体受託生産（EMS）最大手フォックスコンの合弁会社など3企業体が名乗りを上げた。

電子機器の国産化を進めたいのに国内に半導体工場がないインドがこのままのペースで半導体輸入を続ければ、輸入額が原油代金を上回るという試算もある。経常収支の赤字を削減し、技術と雇用をもたらす半導体政策は、野党勢力といえども反対する余地が少ない。同様に、インドは電気自動車（EV）の生産が急拡大しているが、やはり肝心の電池やモーターの多くは中国製に依存している状況だ。そこで政府は新政策、生産連動型優遇スキーム（PLIスキーム）によって、バッテリー開発にも巨額の補助金を投じている。

2019年の総選挙直前、イスラム過激派のテロに対しパキスタン領内への報復空爆を断行、これが有権者の喝采を浴びて総選挙での勝利につながったように、モディ政権はしばしば外的緊張をチャンスに変えてきた。ここでもその手法はフルに発揮されるだろう。

印中は歩み寄りを模索

政府主導で展開した中国ボイコットが失敗に終わりコロナ禍も一段落すると、インド政府も中国製品が自国の成長に不可欠であることを冷静に受け止めるようになった。2022年に入ると、それまで凍結されていた中国企業による対印投資案件について、政府高官が「受け入れ再開」や「条件付き認可」を示唆したとする報道が相次いだ。インド政府が世論を見極めたうえで関係正常化に動き始めた、とみていいだろう。

これを裏付けるデータもある。有力紙「ザ・ヒンドゥー」によると、インド商工省は22年までの2年間で中国企業の投資案件80件、約1362億ルピー（約2160億円）相当分に許可を出した、としている。情報漏洩など安全保障上のリスクを伴う通信機器はともかく、インド政府内にはかねて発電所や道路、港湾などにおいては中国企業の力を借りて開発・整備を進めていこうという考えがある。幹線国道の整備を担当するインド国道庁（NHAI）ではすでに、「安全・技術基準を満たしたうえで競争入札に参加するのであれば中国企業を歓迎する」との見解を示している。

台湾との緊張関係や新疆《しんきょう》ウイグル自治区、チベット自治区などを抱える中国としては、国境問題でインドに妥協する余地は小さい。また、中国との関係が緊密なパキスタンや、中国が影響力拡大を狙うアフガニスタンなどの問題も絡むので、印中関係が直ちに正常化することは考えにくいが、双方が改善を模索しているのは間違いない。

また、右派・民族主義的な傾向が強いモディ政権は、インド国内でくすぶる反中感情には配慮せざるを得ない。だが、一連の定期協議が機能しているうちは両国が決定的な対立に陥ることはないとみていいだろう。今後経済成長率が減速する見通しの中国にとって、貿易・投資相手国としての隣国インドの重要性は相対的に高まってくる。何度も波風を立てつつ、印中関係は徐々に安定化するのではないだろうか。まずは、いったん凍結した中国の投資案件を政府がどう再起動させるかが注目点となるだろう。

3　インド・パキスタンとの和平プロセスの行方

2019年2月、インド北部・カシミール地方のプルワマでイスラム過激派ジャイシュ・エ・ムハンマド（JeM）による自爆テロが発生、印治安部隊40人が犠牲となった。モディ政権は報復としてパキスタン領内・バラコットにあるJeMの拠点を空爆。これにパキスタン側が応戦して局地的な戦闘状態となり、印パの和平プロセスはほぼストップした。

15年12月、パキスタンのナワズ・シャリフ首相（当時）の招待によってナレンドラ・モディ首相が電撃的に同国中部の中心都市ラホールを訪問、停滞していた和平の進展に期待が高まったが、軍との関係が悪化したシャリフ首相は失脚。民族主義的な色彩が強いイムラン・カーン政権下ではもとよりインドに対して妥協の余地が少なかった。

印パ関係の改善にとって決定的なダメージとなったのは19年8月、インド政府がカシミール地方への優遇措置を定めた憲法370条を廃止し、連邦直轄地へと「併合」したことだった。パキスタンは、過去の国連安全保障理事会（以下、安保理）決議や国連総会決議を根拠に、「住民投票によって帰属が決まるまでは、カシミール地方全体が中立地」という立場をとってきた。

インドの実効支配地とはいえ、そのカシミールの一部の自治権を剥奪した措置は、パキスタンにとってまったく受け入れ難い。パキスタンでは政治家から官僚に至るまで、「インドがカシミールへの措置を撤回しない限り関係改善はありえない」と断言する。

イスラム教徒が大多数を占めるカシミール地方に対するこの処置は、改正国籍法（CAA）などインド・モディ政権による反イスラム的な政策と相まって、イスラム諸国に反発を広げた。巨大な市場を持ち、石油や自動車などで有力な貿易相手でもあるインドに対し、経済関係を損ねてまで非難をしようという国は少なく、この問題は国際世論として大きなうねりにはなっていないが、イスラム世界からの不信感は長くくすぶり続けるだろう。

23年7月にはインド・デリーで上海協力機構（SCO）首脳会議が開かれる。ここにパキスタンが首脳級の代表を送ってくるかどうかが今後の印パ関係を占う注目事項だ。また、これに先立つ5月にはインド南部ゴアでSCO外相会議が開催され、パキスタンのビラワル・ブット外相が出席した。パキスタン外相の訪印は12年ぶりで、非公式ながらも印パ両国が和平プロセス再開について協議した可能性もある。

4 古くて「新しい」友好国ロシア

軍事、外交、そしてエネルギーで緊密な関係維持

２０２２年2~3月、ロシアによるウクライナ侵攻に対する国連安保理や国連総会での非難決議に際し、インドは中国やUAEなどとともにいずれも棄権、欧米など国際社会から批判を浴びることとなった。インド外務省では「ロシアに制裁を科すよりもあくまで対話で解決すべき」との公式見解を繰り返しており、ジャイシャンカル外相も「ロシアの孤立は北大西洋条約機構（NATO）の東方拡大や旧ソ連崩壊による政治情勢によるもの」などと一定の理解を示してきた。

インドとロシアはまさに伝統的な友好国だ。１９２７年、のちに初代首相となるジャワハルラル・ネールはロシア革命10周年記念式典に出席するためモスクワを訪問。建国の父マハトマ・ガンディーとロシアの文豪トルストイの往復書簡は有名だ。東西冷戦期に米国との関係が悪化、さらに対立するパキスタンの西側接近でインドは急速にソ連との距離を縮めた。21世紀に入ると、

エネルギー大国として存在感を強めるロシアに対し、インドはふたたび近づくことになる。

2000年10月には印ロ戦略パートナーシップを宣言、2010年にはこれが「特別特恵戦略パートナーシップ」へと格上げされた。また、インドとロシアは毎年首脳会談を実施しており、これまで21回を数えるが、インドがロシア以外で首脳会談を定例化している相手国は日本だけである。

しかし、1990〜91年に顕在化したソ連の経済危機と連邦崩壊は、湾岸危機とともに友好国インドにも大きな打撃を与えた。この経済危機が、インドの歴史的な経済改革につながったことは周知の通りだ。

［図表7－4］インドの供給国別兵器輸入額
（億ドル、2011－20年累計）

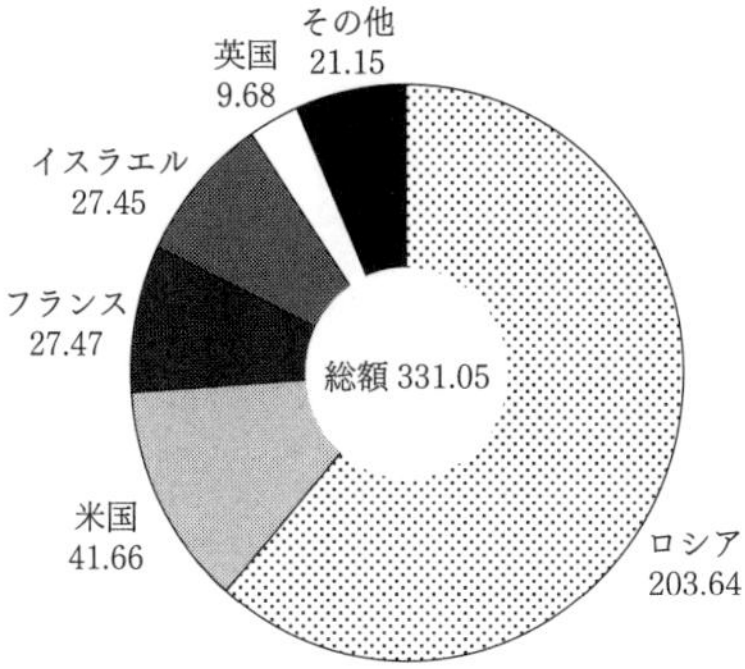

資料：SIPRI

インド軍を支えるロシア製兵器

印ロ関係の大きな柱の1つが「軍事」である。その起源は1960年代のフルシチョフ政権時代にさかのぼる。ソ連はミグ21戦闘機などの技術供与を実施、「ルピー・ルーブル交換基金」の創設でインドは自国通貨ルピーで武器購入代金を支払えることになった。

ストックホルム国際平和研究所（SIPRI）によると、2011年から20年までにインドが輸入した兵器の6割、約203億ドルがロシア製で、フランスやイスラ

2021年12月、インドを訪問したプーチン大統領（右）とモディ首相（印報道情報局提供）

エルを大きく上回っている（図表7－4）。インド陸軍の主力戦車の90％はロシア製またはそのライセンス生産で、空軍も新鋭機スホイ30やミグ29戦闘機の調達計画を進めている。このほか、インド初の航空母艦は旧ソ連のキエフ級空母を改修して運用しており、海軍が保有していたインド初の原子力潜水艦も、国産原潜の配備に先立つ乗員の訓練用にロシアから10年リースで調達したものだ。

２０１７年にはロシア極東・ウラジオストク周辺で３軍合同演習「インドラ２０１７」を実施、19年には同様の印ロ合同演習を西部プネーと南西部ゴア近海で行っている。インドが21年に配備を開始したロシア製ミサイル防衛システム「Ｓ－４００」をめぐっては、米国も重大な関心を寄せ、バイデン政権が「米国敵対者制裁法（ＣＡＡＴＳＡ）」の対象とするのでは、との観測が広がった。

そして印ロ関係の主軸をなすのがエネルギーだ。旧ソ連の支援で創設されたインド最大の国営企業・石油天然ガス公社（ＯＮＧＣ）は、米エクソンモービルや伊藤忠商事などが参加していたロシア極東の石油開発プロジェクト「サハリン１」に20％出資している。ＯＮＧＣはまた、東シベリア・バンコール油田の権益の26%を取得、西シベリア・トムスクに10カ所の油田を持つ英インペリアル・エナジーを買収している。

さらに、国営インド石油（IOC）などによるコンソーシアムはバンコール油田の23・9%、タス・ユリヤフ油田の29・9%をそれぞれ取得している。ロシアのウクライナ侵攻で情勢が不透明になってはいるが、ONGCとIOCなどによる企業連合は、ロシア・ロスネフチが手がける石油開発計画「ボストーク・プロジェクト」にも参加する見通し。ロスネフチは印グジャラート州の製油所も買収している。

ロシアは経済制裁で行き場を失った自国産原油をインド向けに大幅割引価格で輸出し始めた。この結果、本章の冒頭に示したようにインドによるロシア産化石燃料の輸入額は2022年4～10月に約210億4500万ドル（シェア12・7%）と、前年同期の25億4400万ドル（同2・6%）から約8・3倍に急増（章トビラデータ）。同年8月には単月でイラクを抜いて、インドにとって最大の燃料供給国となった。

このほかにもインド南部タミルナドゥ州にあるクダンクラム原発1、2号機（各100万キロワット）はロシアの協力で完成。現在3～6号機の建設も進んでいる。また、インド初の人工衛星「アーリヤバタ」は1975年にソ連によって打ち上げられ、現在もインド宇宙研究機構（ISRO）とロシア宇宙公社（ロスコスモス）は協力関係が確立している。

国連安保理でもインドを側面支援

また、ロシアは旧ソ連時代からインドの外交を様々な形で支援してきた。インドの国連安保理常任理事国入りや原子力供給国グループ（ＮＳＧ）加盟には早くから支持を表明している。特に安保理の場では、インドにとって都合の悪い決議案にことごとく拒否権を行使してつぶしてきた。

１９５７年に旧ソ連はカシミール問題をめぐる決議案に拒否権を行使、その後も同様の投票行動を繰り返す。61年には旧ポルトガル領ゴアを武力併合したインドに対する非難決議に、さらに71年の第3次印パ戦争に際してはインドに停戦を呼びかける決議案にも拒否権を行使した。この結果、インドは東パキスタンを「解放」し、バングラデシュの建国が実現した。こうしたソ連のインド寄りの姿勢は、ロシアにも引き継がれた。

ロシア産原の輸入拡大を反映して印ロ貿易額も急増。２０２２年度のインドの輸入額は20年に比べて8倍強、約４６２億１２００万ドルを記録した。貿易額全体でも同6倍増の約４９３億ドルに到達。両国政府が掲げた「25年までに2国間貿易を３００億ドルに増やす」とした目標を軽々とクリアした。

こうした一方で、米国の神経を逆なでしてまで再三ロシアの肩を持つリスクも当然指摘されている。国連におけるロシア非難決議で相次ぎ棄権したことで、インドは欧米から一斉に批判を浴びた。アフガニスタンからの米軍撤退やロシア・ウクライナ危機で手いっぱいだった米バイデン政権は、日本やオーストラリアとつくったクアッドの結束維持や中国と対峙する必要上、インドにはこれまであまり厳しい姿勢を見せていないが、米国社会にインドへの不信感が広がる恐れは否定できない。

22年にパキスタンで発生した大洪水に際して米国はいち早く救援機を飛ばし、パキスタンへの金融支援をめぐる国際通貨基金（IMF）との交渉でも同国に好意的な姿勢を示している。パキスタンが親米的なシャバーズ・シャリフ政権に交代したことが大きな理由だが、これらはインドへの当てつけだとみる向きもある。

しかし、ロシアによる核使用などの事態は言うに及ばず、軍事侵攻でこれ以上ウクライナに犠牲者が出るような事態になると、さすがのインドも態度を改めねばならない。22年9月にウズベキスタンのサマルカンドで開いたSCO首脳会議に際して行われた印ロ首脳会談で、モディ首相はプーチン大統領に対し「今は戦争をすべきときではない」と伝え、停戦に向けて一歩踏み込んだ。ロシアにモノを言える数少ない大国であるインドの外交姿勢には今後さらに注目が集まりそうだ。

5　おわりに――インドの真価が問われるG20とクアッド

「航行の自由」を強調、「力による原状変更」を否定し、域内の国がインフラ整備などで協力し国益につなげることを目指す「自由で開かれたインド太平洋」構想を担う日米豪印4カ国の枠組み「クアッド」は2022年5月、東京で首脳会議を開き東シナ海や南シナ海への海洋進出を加速させる中国への懸念を表明、中国からの巨額借り入れで危機に陥った途上国の債務問題にも触れ、債務国の支援を行っていく方針を表明した。労働党政権の誕生で親中に振れるのではないかとの見方もあったオーストラリアのアンソニー・アルバニージー首相も首脳会議でクアッド重視を明言、中国を念頭に置いた共同声明の文案もすんなり決まった。

イスラム教徒など宗教マイノリティに厳しいモディ政権の政策をめぐっては、かねて人権や信教の自由を重んじる米政界からの批判がくすぶっているが、今のところ外交の場で米印の対立が顕在化する事態にはなっていない。クアッドの結束はひとまず維持されている。

米印関係の先行きに対する不安もひとまず解消に向かいつつある。23年1月末には、先端科学分野における米国とインドの協力拡大を目指す「米印重要新興技術イニシアチブ（iCET）」の第1回会合がワシントンで開催された。これは22年5月に東京で行った米印首脳会談で合意していたもので、半導体の生産技術やサプライチェーンの再構築、スーパーコンピューター、次世代携帯電話などの分野において双方の大学間、官民協力の拡大・深化を図る。これにより、インドはこれまで米国が出し渋っていた最先端技術の供与が期待できる。

これだけ幅広いテーマの2国間フォーラムであるわりには、早期に実現にこぎ着けたといえる。米国にとっては中国との競争という要因があり、インドとの協力体制を盤石にしておきたいとの強い意思が働いたようだ。iCET会合は、警察官僚として数々の治安維持案件を処理し、モディ首相の懐刀とされるアジット・ドバル国家安全保障補佐官と、そのカウンターパートであるジエイク・サリバン米大統領補佐官が双方の代表団を率いて参加していることからも、両国政府の「本気度」が理解できる。クアッドやG20の行方を左右する米印の結束には、当面大きな動揺はなさそうだ。

抜け目ないインドの対途上国外交

2022年5月、東京で開いたクアッド首脳会議に参加した4カ国首脳（印報道情報局提供）

2023年1月26日、共和国記念日を迎えたインドは首都デリーで恒例の官民による一大パレードを実施。そのゲストには毎年、インドが重要視する外国の国家元首を招待するのが通例となっている。この日の主賓は、エジプトのアブドルファッターフ・エル・シシ大統領。軍人出身で、急進イスラム勢力として知られたムスリム同胞団を弾圧。世俗主義を推進する指導者として知られる。インドとは「イスラム過激派」という共通の敵を抱えている。

エジプトは、ロシアを非難する国連安保理の決議を棄権したインドを批判しなかった数少ない国の1つ。こうした縁もあってかロシアとウクライナからの小麦供給が激減したエジプトに対し、インドは2022年に計約6

万トンの小麦を供与している。

シシ大統領は親中派としても知られ、中国によるインフラ支援を重視。就任後8年間で7回にわたって中国を訪問している。エジプトはG20メンバーではないが、人口1億1000万人を抱える地域大国で、中東地域だけでなくインドが重視するアフリカ諸国全体に影響力を維持している。軍事や貿易などでインドとのシナジーが期待できるエジプトを自陣営に引き込むのは、途上国(グローバルサウス)の声を代表する立場をとるインドにとって大きな意義があると言えるだろう。

インドが議長国を務めるG20は、先進国でつくるG7と欧州連合(EU)に、BRICSの5カ国(ブラジル、ロシア、インド、中国、南アフリカ)をはじめとした主要新興国を加えて構成し、先進国と新興国による合意形成を目指す役割を担う。23年9月にニューデリーで開くG20首脳会議の重要アジェンダの1つがまさに「グローバルサウスの声」なのだ。

グローバルサウスは、北米や欧州などの先進国から見て途上国が主に南方に位置していることから名付けられた。地球の人口の80%がこうした途上国に住んでいる、まさにマジョリティなのである。

グローバルサウスの発言力を高め、国際的な意思決定への参画を目指そうという動きは、かつての「非同盟運動」を想起させる。インドのネール、中国の周恩来、そしてエジプトのナセル、インドネシアのスカルノ、ユーゴスラビアのチトーらが主導した非同盟運動は、米ソの冷戦下においていずれの陣営にも属さない独自外交を推進することを目指した。米欧と中国・ロシア連合による「新冷戦」の到来が指摘される状況でグローバルサウスに注目が高まったことにより、非同盟運動を再評価する機運が高まっている。

非同盟運動の復活は

しかし、途上国・新興国のなかには、アフリカ諸国やスリランカのように中国への依存度を高めた末に債務危機に陥る国も多く、地球温暖化やグローバル・サプライチェーン構築といった課題に対する意思統一にはほど遠い。こうした状況であえて「非同盟」を掲げることは、経済成長にとって欠かせない先進国との協調・協力関係を阻害し、世界の分断につながる恐れも否定できない。まずはナショナリズムとグローバル化のバランスに配慮し、貿易や投資を通じた経済成長を目指すことが求められるだろう。

インドとしても単に途上国のリーダーを目指すことではなく、欧米主導の国際ルールづくりに異を唱え、途上国全体の「声」を代表してグローバル・イシューへの発言力を高めることこそが、インド・モディ政権の本当の狙いだろう。インド、中国など新興国を代表する5カ国でつくるBRICSの分断が鮮明となるなか、G20の役割はかつてなく重要になってくる。

インドのS・ジャイシャンカル外相は2023年1月にリモート方式で主催した「グローバルサウスの声サミット」で、「(途上国＝グローバルサウス)は常に中道を歩んできた」と演説。ビジャイ・クワトラ外務次官も「(この会議は)非同盟運動に取って代わろうとするものではない」と指摘した。

南アジア政治の専門家で、シンガポール国立大学南アジア研究所のC・ラジャ・モハン客員研究員は、「会議でインド政府は、過去の非同盟運動のように欧米との対立姿勢を極力抑えようとしていた。グローバルサウスは第3の極を目指すものではなく、国際社会での役割を高め各国との戦略的パートナーシップを強化することが狙い」と総括している。

G20議長国としてのインドには、欧米からの圧力を踏まえ、あらゆるステークホルダーの意見に耳を傾け、ウクライナ問題や債務問題などではロシアや中国といった問題の多い加盟国を中立の立場で説得するという難題が待ち構える。同時期にG7議長国を務める日本とも十分な連携が求められる。

【参考文献】

（英語）

C.Raja Mohan（2023）“India’s Return to the Global South,” Institute of south Asian Studies, National University of Singapore
https://www.isas.nus.edu.sg/papers/indias-return-to-the-global-south/（accessed 2023-02-07）
China Global Television Network Timeline（2020）“70 years of China-India diplomatic relations”（accessed 2022-12-08）
Embassy of India, Beijing China,“Bilateral Relations”
https://www.eoibeijing.gov.in/eoibejing_pages/NQ（accessed 2022-01-08）
Embassy of India, Moscow “Bilateral Relations: India-Russia Relations”

https://indianembassy-moscow.gov.in/bilateral-relations-india-russia.php (accessed 2022-12-18)
Gateway House (2019) "China's strategic tech depth in India," Nov.14 https://www.gatewayhouse.in/chinas-tech-depth/ (accessed 2022-11-21)
Gateway House (2021) "India-China disengagement at LAC," Mar.4 https://www.gatewayhouse.in/india-china-disengagement-at-lac/ (accessed 2023-01-08)
Gautam Chikermane (2022) "Five Challenges before India's G20 Presidency," Observer Research Foundation https://www.orfonline.org/expert-speak/five-challenges-before-indias-g20-presidency/ (accessed 2022-12-29)
India FDI statistics https://dpiit.gov.in/publications/fdi-statistics/archives (accessed 2023-01-11)
India Today (2022) "3 years of Modi — The Challenges Ahead," Jun.6
—— (2022) "G20 India's Moment," Dec.12
Invest India "Atmanirbhar Bharat Abhiyaan" (Self-reliant India campaign May 2020) Investment Promotion and Facilitation Agency https://www.investindia.gov.in/atmanirbhar-bharat-abhiyaan (accessed 2022-12-03)
Ministry of Commerce and Industry India, Exim Databank https://commerce.gov.in/trade-statistics/ (accessed 2023-01-12)
Rajan Menon and Eugene Rumer (2022) "Russia and India: A New Chapter," Carnegie Endowment for International Peace https://carnegieendowment.org/2022/09/20/russia-and-india-new-chapter-pub-87958 (accessed 2023-02-02)

第8章

アジア・ゼロエミッション共同体の展望

脱炭素時代のエネルギー安保の課題

松尾博文
日本経済新聞上級論説委員兼編集委員

アジアの電源構成の現状と見通し

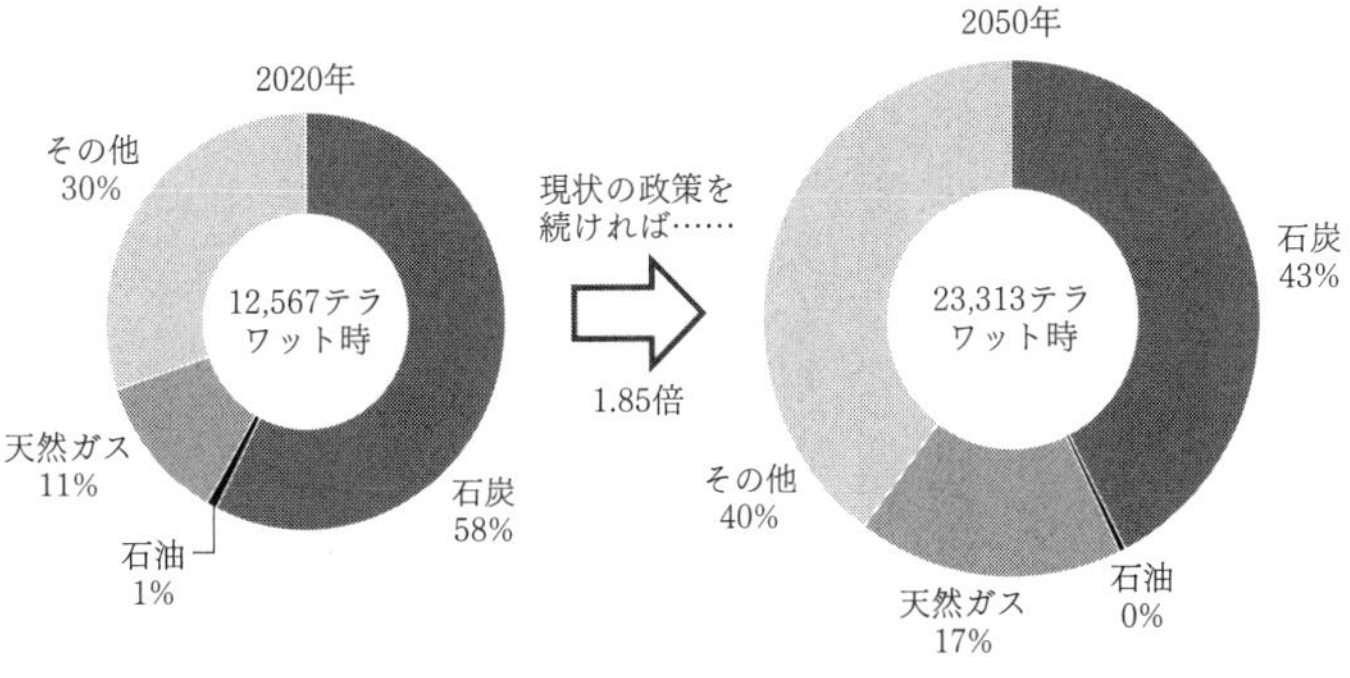

資料：日本エネルギー経済研究所，IEEJ Outlook 2023 のレファレンスシナリオ

Point

- 世界の温暖化ガス排出量の過半を占めるアジアの脱炭素は、世界の気候変動対策のカギを握る。しかし、アジアでは発電に占める化石燃料の比率が高く、エネルギー需要は今後も増加が見込まれる。成長と脱炭素を両立する取り組みが欠かせない。
- 日本政府が着手したアジア・ゼロエミッション共同体（AZEC）構想は、日本の技術や資金を活用してアジアのエネルギー転換を促す。広域連携による温暖化ガスの排出削減や日本の産業競争力向上に加え、脱炭素時代の経済・エネルギー安全保障を構築する狙いを込める。
- AZECは石炭火力発電所でのアンモニア混焼などの手段により、化石燃料を使い続けながら温暖化ガスを段階的に削減する。これに対し、欧米は金融的手法を活用して石炭火力の運転終了の前倒しを志向する。日本型アプローチをめぐる欧米との温度差が今後の対立点となる可能性がある。

世界各地で異常気象が頻発し、気候変動への対処は地球全体の課題として求められている。なかでも成長センターであり、世界全体の温暖化ガス排出量の過半を占めるアジアのエネルギー転換をどう進めていくかは、世界にとって重要な課題である。本章では、アジアとの広域連携による脱炭素の加速を目指す日本の狙いと課題を考える。

まず、アジアの脱炭素の重要性とその難しさを確認する。そのうえで、アジアの国々との連携により温暖化ガス削減を目指す日本のAZECについて、アジアの政治・経済環境の変化に対応した、脱炭素時代の経済・エネルギー安全保障構築の狙いがあることを解きほぐす。さらにAZECを推進するための条件と、日本型のアプローチに潜む欧米流とのずれが今後の対立点となりかねないことを考察する。

1 成長と脱炭素の両立が問われるアジア

なぜアジアの脱炭素が重要なのか

アジアには44億人あまりが暮らす。この人口は2050年には50億人に迫る。50年時点の世界の人口は約97億人。過半をアジアが占める。同じ期間に人口の倍増が見込まれるサブサハラ・アフリカ地域には及ばないが、アジアの人口は今より1割以上増える。約23億人で頭打ちが続く北

［図表８－１］世界の二酸化炭素（CO_2）排出量の内訳（2020年）

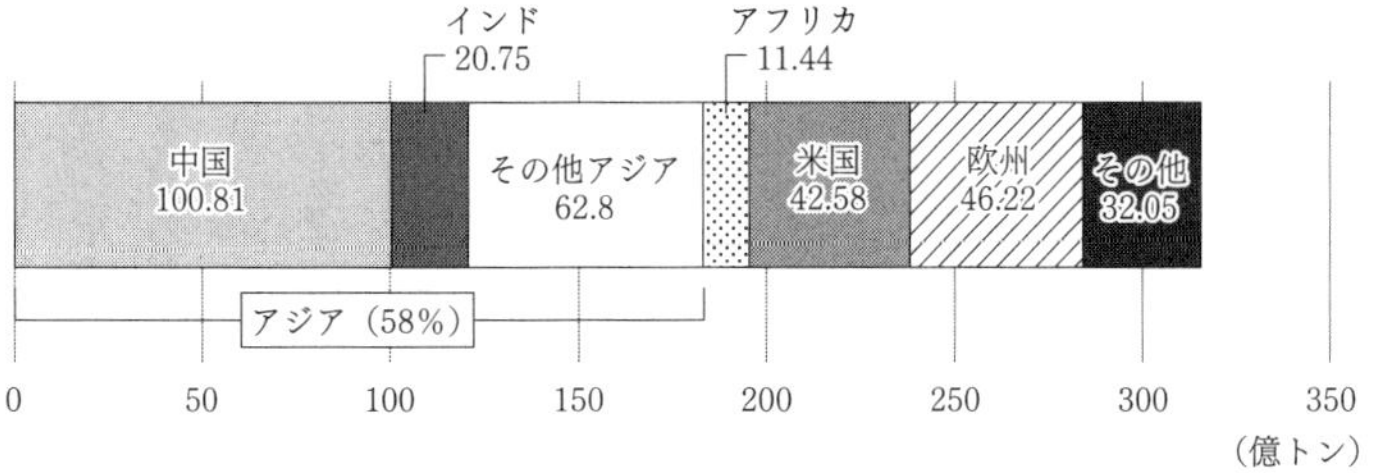

資料：IEA CO_2 Emissions from fuel combustion をもとに筆者作成。燃料の燃焼に伴う CO_2 排出量

米、欧州の合計と対照的だ。

分厚い人口を背景とする高い経済成長は、成長センターとしてのアジアの存在感を高めた。過去20年と比べて成長率は鈍化するとはいえ、２０５０年まで年率３・６％で成長が続く。世界平均の２・８％、北米の２・０％、欧州連合（ＥＵ）の１・６％を上回る。

経済成長に伴い、エネルギー消費も増大する。アジアの電力需要は２０５０年に20年比で85％増の23兆３０００億キロワット（kW）時に増える（章トビラデータ）。東南アジア諸国連合（ＡＳＥＡＮ）諸国に限れば、３倍近くに伸びる。

エネルギー消費の拡大に伴い、温暖化ガスも増えてきた。２０２０年のアジアの温暖化ガスの排出量は１８４億トン。90年比３倍以上に増えた。90年時点では排出量の３分の２を欧米が占めていたのに対し、今ではアジアが６割近くを占める（図表８－１）。

２０２１年11月に英国グラスゴーで開いた第26回国連気候変動枠組み条約締約国会議（ＣＯＰ26）は、世界の気温上昇を「産業革命前と比べ１・５度に抑える努力を追求する」ことを確認した。16年に発効した、温暖化対策の道筋を定めたパリ協定は「気温上昇を2度よりかなり低くし、できれば1・5度に抑える」としていたが、この目標を引き上げ、対策を加速する決意を示した。

1・5度目標の実現には、世界の温暖化ガス排出を2050年までに実質ゼロにすることが求められる。そのためにはアジアの脱炭素がカギを握る。経済成長を維持しながら、温暖化ガスの排出を減らす道筋をどうみつけるかは、アジアだけでなく、世界にとって重要な問いかけである。

アジアの脱炭素はなぜ難しいのか

日本は2030年に13年比46％の温暖化ガスを削減し、2050年に実質ゼロを目指す目標を掲げる。米国や欧州の主要国も50年の実質ゼロで足並みをそろえる。

アジアでもベトナムやマレーシア、ラオス、カンボジアなどは50年の実質ゼロを表明済みだ。一国で世界の温暖化ガス排出量の3割超を占める中国は、気候変動対策の重要性は共有するものの、実質ゼロ達成の目標時期は2060年、インドは70年だ。インドネシアは60年、シンガポールは今世紀後半、フィリピンは目標時期をまだ表明していない。先進国が掲げる2050年のカーボンニュートラル目標とはずれがある。先進国は前倒しを求めるが、簡単ではない事情がある。

アジアは発電に占める化石燃料の比率が高い。2020年のアジアの発電量に占める化石燃料比率は70％に達した。天然ガスや石炭などの化石燃料は燃やせば、温暖化の原因となる二酸化炭素（CO_2）が出る。化石燃料のなかでも石油や天然ガスに比べて排出量が多い石炭への依存度が高い。アジア全体で石炭火力への依存度は58％を占める。

石炭依存率を国別で見ても、中国の63％、インドの74％を筆頭に、インドネシア61％、ベトナム47％と、アジアのなかでも電力の大消費国ほど依存度は高い。

経済成長に伴い急速に拡大する電力需要を満たすために、出力が大きく、域内・域外において安価で安定的に調達できる石炭を優先して燃料に使ってきた経緯がある。国際エネルギー機関（IEA）によれば、東南アジアでの石炭火力の出力は20年間で6倍に増えた。つまり稼働してから20年に満たない、新しい設備が大半を占める。ここ1、2年に稼働した設備や建設中の発電所も少なくない。

石炭火力の利用期間は50年程度。新設がなく、償却が済んだ老朽火力が中心の欧州に比べ、アジアでは投資の回収が終わっていない新しい設備が多いことが、エネルギー転換のハードルを高くしている。

COP26の合意文書は、排出削減対策を講じていない石炭火力の段階的削減を明記した。草案では段階的「廃止」を求めるとなっていたが、土壇場でインドが異議を唱え、「削減」に落ち着いた経緯がある。

ロシアのウクライナ侵攻により、2022年は石油や石炭、天然ガスなどあらゆるエネルギー資源の価格が高騰し、世界同時多発エネルギー危機ともいえる状況に陥った。ロシアからの原油や天然ガス供給の減少を背景とするエネルギーの争奪戦の下で、化石燃料への揺り戻しが生じ、世界の石炭消費量はこの年、9年ぶりに過去最大を記録する見通しになった。

世界的なエネルギー争奪戦は、資金的な余裕の少ない新興国や途上国に打撃を与えた。エネルギー・金属鉱物資源機構（ＪＯＧＭＥＣ）調査部の白川裕氏によれば、液化天然ガス（ＬＮＧ）の高値を嫌気したアジアの新興需要国では２２００万トン分の需要が減退したという。旺盛なアジアの石炭需要がＬＮＧ需要の一部を代替したと推測される。

ただし、石炭需要が一時的にリバウンドしても、中長期的な脱炭素の潮流は変わらないだろう。アジアの石炭火力に向けられる視線が厳しさを増すことが予想される。高い依存率を下げる取り組みは避けて通れない。

限られる再生可能エネルギーの適地

エネルギー転換で大きな役割を果たすのが、太陽光や風力などの再生可能エネルギーだ。脱炭素時代の主力電源と期待されるが、太陽光や風力を「資源」と考えた場合、東南アジアではそのポテンシャルが他の地域に比べ劣後する。

英国では発電量に占める太陽光や風力など再生エネ発電の比率が38％、ドイツでは37％まで増えた。国際再生可能エネルギー機関（ＩＲＥＮＡ）によると、太陽光発電のコストは英国、ドイツとも２０１９年までの10年間で４分の１前後に、風力発電のコストは英国で４割減、ドイツで６割下がった。

太陽光パネルや風力発電設備のコスト低下に伴い、アジアでも再生エネの導入コストは下がっている。しかし、中東やアフリカ、オーストラリアなどの砂漠地帯では晴天率が高く、太陽光発電の効率が高い。巨大なメガソーラーを配置しやすい未利用の遊休地も多い。発電だけのコスト比較では、火力より安いケースも少なくない。

一方、東南アジアでは降水量が多く、人口の密集度も高い。未利用の平地が少なくメガソーラーを設置できる適地が限られる。

風力についても欧州・北海では、強い風が年間を通して安定的に得られる。遠浅の海が続き、海底に風力発電用の風車を固定する着床式の発電設備が建設しやすい。

アジアではベトナム南部や台湾西岸を除いて、全体では適地が少なく、風速も弱い。台風の影響なども考慮する必要があり、年間を通じて安定的に風力エネルギーを確保するのは難しい。東南アジアでは島嶼部が多く、仮に風力の適地があっても、それを需要地まで運ぶための送電インフラに課題が残る。

電力需要の増加が続くアジアでは、老朽化した石炭火力を速やかに廃止し、同等の出力を再生エネで代替する欧州型のエネルギー転換モデルは適用が難しい。経済成長を支える電力供給を維持しながら、脱炭素を進めるアジアの事情を考慮したエネルギー転換モデルを検討する必要がある。

2 脱炭素のアジア・モデル構築に込める戦略

エネルギー転換のプラットフォーム

岸田文雄首相は2022年1月の国会での施政方針演説で、「我が国が水素やアンモニアなどの日本の技術、制度、ノウハウを生かし、世界、特にアジアの脱炭素化に貢献し、技術標準や国際的なインフラ整備をアジア各国とともに主導していく」と語り、「アジア・ゼロエミッション共同体（AZEC）と呼びうるものを、アジア有志国と力を合わせてつくる」と表明した。

1年後の23年1月の施政方針演説では「昨年来提唱してきたアジア・ゼロエミッション構想を今春から具体化させ、アジアの脱炭素を支援していく」と語り、AZECを本格始動させる年と位置づけた。同年3月にはASEANやオーストラリアのエネルギー担当閣僚を招き、初の国際会合を開いた。

政府はAZECを、アジアのエネルギー転換を日本とともに実現するプラットフォームと位置づける。日本のリソースや経験を活用し、高い化石燃料比率など固有のエネルギー事情を抱えるアジアのエネルギー転換を促す政策だ。経済産業省の担当者は「技術や資金、人材などの手厚い支援や、パートナー国との政策協調を通じて、市場拡大による新技術の社会実装やコスト低減を図る」と説明する。

アジアと似た日本のエネルギー消費構造

日本はなぜ脱炭素でアジアと組むのか。それは、アジアと類似したエネルギー需給構造を持つ日本は同じ難題に直面するからだ。

日本のエネルギー自給率は2021年度で13・4％。1次エネルギーに占める化石燃料の比率は83％。そのほとんどを輸入に頼る。発電に占める化石燃料比率は7割を超し、脱炭素には何よりこの比率を下げなければならない。

カーボンニュートラル実現には、経済・社会構造を大胆に転換する覚悟がいる。そのためには飛躍的なイノベーションが欠かせない。その道筋として岸田政権は、グリーントランスフォーメーション（GX）の推進を重要政策に掲げる。岸田首相は「脱炭素とエネルギーの安定供給、経済成長の3つを同時に実現する一石三鳥の戦略」という。

政府は脱炭素への取り組みを通して、温暖化ガスの排出削減と同時に、日本の産業競争力を高め、経済成長につなげる絵を描き、GX推進へ総額150兆円の投資を計画する。しかし、イノベーションの促進、その社会実装や市場の育成には、日本単独では難しいことも少なくない。脱炭素と経済成長の両立という難路に直面するアジアとの連携により突破口を開く狙いだ。

アジアのパートナー国との①脱炭素戦略・計画の策定、技術の開発・実証、②脱炭素インフラへの投資とサプライチェーン（供給網）の構築、③脱炭素技術の標準化と人材育成——の具体化に向けて、政府は国際協力銀行（JBIC）や国際協力機構（JICA）、日本貿易保険（NEXI）、エネルギー・金属鉱物資源機構（JOGMEC）、新エネルギー・産業技術総合開発機構（NEDO）、日本貿易振興機構（JETRO）などの政府系機関・組織を総動員し、資金や技術を手厚く支援する。

具体的には、省エネの深掘りや再生エネの導入拡大、水素やアンモニアといった、燃焼させてもCO_2を出さない脱炭素燃料の供給網構築などが対象となる。

画期的な脱炭素技術の芽を育て、コストを下げて社会実装するには、3つの「つくる」が重要になる。例えば、水素やアンモニアを製造・輸送・貯蔵・利用するための技術を開発・利用する「仲間」をつくり、その仲間と「市場」をつくることが重要だ。

国際市場で認められる「ルール」をつくることも欠かせない。国の数ではかなりの数になる欧州は、統一歩調をとることで国際的なルールづくりにたけている。日本やアジアが新技術でリードし定着させるには、国際取引の基準や認証などで不利にならないルールづくりが重要だ。

経済安全保障戦略としてのAZEC

AZECは経済安全保障政策の側面を併せ持つ。日本政府がAZECのパートナーとして対象としているのがまず、東南アジアとオーストラリアであることからもうかがえる。

脱炭素とは新しいエネルギー秩序をめぐる国際競争でもある。民主主義や自由貿易といった共通の価値観を持つ国々と、次世代エネルギー技術の開発や製品、貿易の枠組みを築き、脱炭素時代のエネルギー安全保障に備える狙いがある。

日本に似たエネルギー消費構造にある東南アジアに加え、AZECが資源国オーストラリアを対象としていることに注目が必要だ。オーストラリアは石油や石炭、天然ガスなどの化石燃料に加え、太陽光や風力などの豊かな再生エネ資源があり、これらをもとにつくる水素やアンモニアなどの脱炭素燃料の有力な供給国となりうるからだ。

AZECが経済安全保障上、念頭に置くのは中国だ。中国の台頭に伴う、米国との対立がもたらす国際経済のデカップリング（分断）は、エネルギー市場にも影を落とす。

中国は2009年に1次エネルギー消費量で米国を上回り、世界最大の消費国になった。その差は年々拡大し、今では中国だけで世界のエネルギーの4分の1以上を消費する。エネルギー消費の増大に伴い、原油や天然ガスの輸入量も拡大。輸入依存度は原油で7割、天然ガスで4割に達する。

習近平政権にとって、石油・天然ガスの安定調達は経済成長の絶対条件だ。新興国市場を開拓し、沿線国に影響力を拡大する広域経済圏構想「一帯一路」は、エネルギーや鉱物資源を安定確保し、運ぶためのシーレーン戦略としての顔を持つ。22年12月にサウジアラビアを訪問した習近平国家主席は、原油取引の拡大や油田開発への協力で合意した。中東における米国の影響力低下を埋める中国の進出が著しい。

足元のエネルギー確保のためのしかけが「一帯一路」だとすれば、中国は脱炭素時代のエネルギー市場の覇権確立に向けた手も着々と打ちつつある。

太陽光発電パネルは世界市場の8割超を中国企業が押さえている。風力発電機は上位10社中7社を中国企業が占め、5割を超す市場シェアを持つ。

中国政府は電気自動車（EV）の導入を政策的に後押しする。EVの心臓部である車載用電池は寧徳時代新能源科技（CATL）が首位を独走する。エネルギー転換を見据えた技術や市場をいち早く押さえ、脱炭素時代の主導権を握ろうとしている。

加えて、脱炭素技術や製品に欠かせない鉱物資源が焦点となりつつある。風力発電機のモーターに使うレアアース（希土類）は、産出量の過半が中国に集中する。EV用電池に必要となるニッケル鉱石の産出量はインドネシアが最大だが、精錬後の1次ニッケルの生産量シェアは中国が最も大きい。脱炭素技術の原料から製品まで、中国への依存度が高まれば、同国の政治的判断が市場を左右するリスクがある。

20世紀を石油の時代だとすれば、その支配が世界の覇権を握る条件だった。だからこそ中東の石油をめぐる対立が繰り返され、石油ショックに代表される供給網の途絶は、世界的な危機へと発展した。

脱炭素時代を迎えてもエネルギー安全保障の重要性は変わらない。脱炭素技術の確保とその供給網の維持は、国家存立の条件となる。AZECは次世代の経済安全保障戦略を見据えた布石である。

3 動き出すプロジェクト

インドネシアのエネルギー転換支援

日本とインドネシアは2022年11月、インドネシア・バリ島で開かれた20カ国・地域（G20）首脳会議に合わせて、AZEC構想の実現に向けて連携することを発表した。再生可能エネルギーの導入拡大や送配電網の増強など、インドネシアのエネルギー転換を日本の官民が支援することを確認した。

インドネシアはASEAN最大のエネルギー消費国だ。2060年を目標とする、温暖化ガス排出量の実質ゼロの実現には、設備容量の半分を占める石炭火力の比率低下が課題だ。インドネシア政府は2030年までに温暖化ガスの29%削減を掲げるが、国際支援を得られる場合は41%削減へ引き上げるとしている。そのために必要となる技術や資金、人材面で日本が協力する。

共同発表は「AZECの協力を発展させることがアジアにおける協力モデルの先駆けとなることを希望する」と強調する。エネルギー消費が大きく、脱炭素のハードルが高いインドネシアをまずパートナーとして取り込み、AZECを広げる戦略だ。

共同発表に沿って、NEXIを通じた総額5億ドル（約650億円）の貿易保険を供与する。

国営電力会社PLNが取り組む脱炭素化事業に対し、日本や海外金融機関が融資し、これをNEXIが貿易保険でカバーする。

JBICはインドネシア国営石油会社プルタミナと、再生エネや水素・アンモニアなど脱炭素事業で連携する覚書を締結した。これを受けてプルタミナの再生エネ事業に対し、5000万ドル（約65億円）を民間銀行と協調融資することで合意するなど、重層的な支援が始まっている。

焦点は水素・アンモニア

AZECにアジアとの連携を通じた、脱炭素時代に向けた日本の産業競争力強化と、経済・エネルギー安全保障の構築があると考えれば、協力の重点分野は、水素やアンモニアなどの脱化石燃料のアジア大での供給網構築と、温暖化の原因となるCO_2を回収して地中に埋めたり工業原料などに再利用したりする、CCUS（CO_2の回収・再利用・貯留）と呼ぶ技術の実用化だ。

日本の温暖化ガスのうち、約4割は発電に伴って排出する。残り6割は住宅やビルなどの民生部門、自動車や航空機などの輸送部門、そして工場などの産業部門が占める。

発電の脱炭素化にはまず、再生エネを主力電源化することが必要だ。ただし、再生エネの導入を最大化したうえでまかないきれない需要は、原子力発電か、火力発電に使う化石燃料を対策を講じながら使って満たすことが必要になる。

非電力分野の脱炭素化には、石油や石炭などの化石燃料を燃やして得ている熱をどう代替していくかが課題だ。製鉄は鉄鉱石から純度の高い鉄分を取り出すための還元剤として石炭を使う。

化学やセメント産業でも500〜1000度超の高い熱が必要となる。

これらの分野は再生エネによる電化では代替が難しい。そこで期待が寄せられるのが、燃焼させてもCO_2を出さない水素や、水素と窒素を反応させてつくるアンモニアを燃料として使う技術だ。

水素には、太陽光や風力などの再生エネでつくった電力で水を電気分解して取り出す「グリーン水素」や、天然ガスや石炭から取り出す「ブルー水素」などがある。ただし、ブルー水素は水素を取り出した後に残るCO_2を、CCUS技術を使って処理する必要がある。

製鉄は、鉄鉱石から純度の高い鉄分を取り出す還元剤に石炭を使う高炉方式が主流だ。国内の高炉で使う石炭をすべて水素に置き換えた場合、必要になる水素は年間700万トン。国内最大級のグリーン水素製造施設である福島水素エネルギー研究フィールド（福島県浪江町）で、東京ドーム5個分の太陽光発電設備を使ってできる水素は、年間200トン。製鉄用の水素をすべて国内で調達するなら、同等の施設が3万5000カ所必要となる計算だ。とても現実的とはいえない。

アジア大で供給網

国内では太陽光や風力発電の適地に限界があり、生産コストも高い。水素を本格的に活用するには、安価で大量の水素を安定的に確保することが課題となる。量やコスト面で国内での調達に限界があるとすれば、海外で生産し、運んでくることを考えざるを得ない。

例えば、日本で固定価格買い取り制度（FIT）にもとづく太陽光発電の買い取り価格は、2022年で1kW時あたり10円（22年度、出力50kW以上、入札対象以外）。これに対し、晴天率が高く広大な土地がある中東などでは、100万kW級の発電出力を持つ巨大な太陽光発電所が出現し、その発電コストは最近では1円台まで下がっている。

天然ガスや石炭からブルー水素をつくっても、残ったCO_2を処理する地中の貯留場所があることが条件だ。そこで浮上してくるのがオーストラリアである。

太陽光発電の適地が多く、石油や石炭、天然ガスの生産量も豊富で、採掘を終えた油田やガス田を活用するCO_2の貯留場所もある。グリーンでもブルーでも水素がつくれ、アンモニアの生産もできる同国は、脱炭素時代の有力な資源国の候補だ。

オーストラリアは日本、米国、インドと構成する、安全保障や経済連携の枠組みであるQuad（クアッド）の一員だ。ここで生産した水素やアンモニアを、日本や東南アジアに運び、発電や製鉄などの脱炭素燃料として利用する。その供給網構築がAZECの優先課題となる。

水素やアンモニアをビジネスの好機とみた企業の取り組みは始まっている（図表8－2）。川崎重工業やJパワー、岩谷産業などの企業連合は2022年、オーストラリアの褐炭から取り出した水素を専用輸送船で神戸に運ぶ実証試験に成功した。川崎重工などは次のステップとして、積載量を130倍に大型化した輸送船を建造する。大型化による輸送コストの低減が狙いだ。

関西電力は2030年から、兵庫県姫路市にある火力発電所で、海外から運んできたグリーン水素を燃料の天然ガスに混ぜて使う。年間10万トン規模の水素が必要となり、オーストラリアな

［図表8－2］水素・アンモニアを活用する取り組み例

企業	取り組み
川崎重工業、Jパワー、岩谷産業、シェルジャパンなど	2022年にオーストラリアの褐炭からつくった水素を液化し、専用輸送船で神戸に運ぶ実証事業を実施
関西電力	2030年をめどに、ガス火力発電所に水素を混ぜて利用。そのためのグリーン水素を海外から調達
日本製鉄、三菱商事、米エクソンモービル	製鉄所で排出する CO_2 を回収し、オーストラリアやマレーシアなどに運んで地中に埋設するCCS事業を計画
JERA	碧南火力発電所（愛知県）でアンモニア混焼を実証中。2030年をめどに全国の発電所に拡大

資料：各種報道をもとに筆者作成

どを念頭に生産・調達を準備する。

東京電力ホールディングスと中部電力が火力発電と燃料事業を統合したJERA（東京・中央）は、碧南火力発電所（愛知県碧南市）で石炭にアンモニアを混ぜて使う実証試験を進める。これをアジアの石炭火力にも広げる。タイの電力大手EGCOと同様の混焼技術を検討する覚書も交わした。

日本製鉄は国内の製鉄所から排出するCO_2を回収し、米エクソンモービルがオーストラリアやマレーシア、インドネシアなどに保有する施設で地中に貯留するプロジェクトを準備する。日本で排出したCO_2を海外に運んで処理する。

いずれも水素やアンモニアの生産や輸送、発電所や製鉄所での利用、排出したCO_2の回収や輸送、貯留などの技術開発、そのための巨額の資金と市場の育成が必要となる。GX経済移行債を元手とする総額150兆円の資金と、AZECを通じたアジアの有志国とのパートナーシップが、実現に向けた土台となる。

4　日本型アプローチの死角

G7が主導する「公正な移行」

成長センターであり、世界の温暖化ガス排出量の過半を占めるアジアの削減をどう実現するかは、日本だけの関心事ではない。気候変動問題全体にとって回避できない課題だ。なかでも石炭への依存度が高いエネルギー利用構造の転換をどう促すかは、主要7カ国（G7）首脳会議や国連気候変動枠組み条約締約国会議（COP）でも重要なテーマと位置づけている。

2022年6月にドイツ・エルマウで開いたG7首脳会議は「公正なエネルギー移行パートナーシップ（JETP）を通じた途上国のクリーンエネルギーの移行を支援する」ことを確認した。

JETPとは21年に英国グラスゴーで開いたCOP26の場で、米国やEUと南アフリカが合意した枠組みだ。新興国・途上国における石炭火力など温暖化ガスを大量に出すインフラの早期退役と、再生エネの拡大を有志国が支援する。温暖化ガス排出の実質ゼロに向けた金融機関の有志連合である「グラスゴー金融同盟（GFANZ）」や国際金融機関が連携し、必要資金を供与する。

22年11月にインドネシア・バリ島で開いたG20首脳会議では、日本や米国を中心に、欧州やカナダなどが加わる有志国と、インドネシアがJETPの立ち上げで合意した。アジアで初めての

ＪＥＴＰの合意であり、同年12月にはベトナムとも合意した。

インドネシアとの合意では、電力整備計画に盛り込まれた石炭火力発電所の新設計画を凍結するとともに、既存の石炭火力の運転の早期終了を含め、２０３０年までに電力部門の温暖化ガス排出を減少に転じさせる。そのために今後３～５年間で総額２００億ドル（約２兆６０００億円）を投じ、半分を日本や米国などＪＥＴＰに関わる有志国が負担するとしている。

具体化する石炭火力の早期終了

石炭火力の早期終了に向けた動きも始まった。

丸紅はインドネシア・ジャワ島西部で運営するチレボン１石炭火力発電所について、アジア開発銀行（ＡＤＢ）が主導する「エネルギー・トランジション・メカニズム（ＥＴＭ）」を活用して運転期間を短縮する検討を始めたと発表した。

ＥＴＭとは石炭火力の稼働を前倒しで終了し、クリーンな発電設備に置き換えるために資金面で支援する枠組み（図表８－３）。ＡＤＢがＣＯＰ26で発表し、まずインドネシアとフィリピンが参加を表明した。

石炭火力発電所を運営する独立系発電事業者（ＩＰＰ）は、国営電力会社などと20～30年の電力売買契約（ＰＰＡ）を結び、長い時間をかけて投資を回収する。ＥＴＭは、このＰＰＡの期限が到来する前に発電所の運転を終了させることで温暖化ガスの排出を減らす狙いだ。

ＡＤＢが発電所を運営する事業者に融資し、事業者はこの資金を使って発電所の建設・運営に

［図表８－３］エネルギー・トランジション・メカニズム（ETM）活用による石炭火力発電所の早期運転終了の仕組み

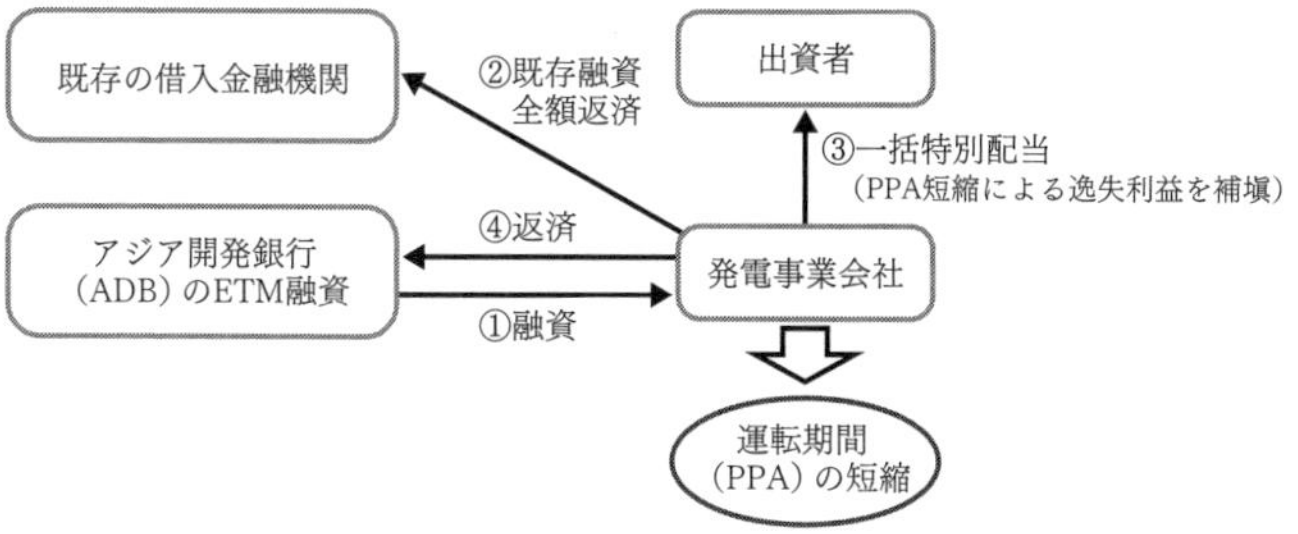

資料：ADB、丸紅の資料をもとに筆者作成

あたって受けた融資の残りを返済する。さらに事業会社の出資者らに特別配当を実施して、運転を前倒しで終了することによる逸失利益を補填する。そのうえで前倒ししたＰＰＡの終了までに入るキャッシュフローを元手にＡＤＢに返済する流れだ。

チレボン１は、この枠組みを使う第１号案件となる。運営会社は丸紅が32・５％の株式を保有する筆頭株主であり、残りを韓国やインドネシア企業が出資する。66万kWの出力があり、２０１２年に運転を開始した。発電した電力はインドネシア国営電力会社ＰＬＮに30年間にわたり販売するＰＰＡを交わしている。

丸紅やＡＤＢは運転の早期終了の時期や、そのために必要となるリファイナンスなどの条件を詰めている。

ＥＴＭの立ち上げにあたり、日本政府はＡＤＢに対し、２５００万ドル（約32億５０００万円）の資金拠出を決めた。ドイツも拠出を決めた。ＡＤＢはこれらの資金を元手に、石炭火力の早期廃止と再生エネの普及・拡大を目的とする２つのファンドを立ち上げる計画だ。

削減手法めぐるずれ

日本政府はＪＥＴＰやＡＤＢの取り組みに賛同し、資金面でも協力する。ただ、日本が掲げるＡＺＥＣとの間には脱炭素の進め方に微妙なずれがある。これが今後、対立点として表面化する恐れがある。

ＪＥＴＰやＡＤＢは、アジアの石炭火力の運転を前倒しで停止することで温暖化ガスを削減する絵を描く。一方、ＡＺＥＣは、石炭にアンモニアを混ぜ、その比率を高めていくことで温暖化ガスの排出を減らす。石炭火力を使い続けながらカーボンニュートラルに近づくアプローチだ。

欧米は、いったん新設した石炭火力が何十年も電力供給に組み込まれる（ロックインされる）ことを警戒する。気候変動対策が前進し、石炭火力が存在していても価値を生まない「座礁資産」になる前に、金融手法を活用して円滑に運転終了を促すとの立場をとる。

気温上昇を１・５度以内に抑え込むために残された温暖化ガスの排出許容量（カーボンバジェット）が限られているなかで速やかに削減に着手することが必要だとする欧米に、石炭火力を使い続けながら段階的に排出量を減らす日本型のアプローチが必ずしも受け入れられているわけではない。

ＡＺＥＣが急激なエネルギー転換がもたらす混乱を回避し、脱炭素のソフトランディングに向いているとしても、水素やアンモニアを活用するには多額の設備投資が必要だ。当面はコストも割高になる。

ＪＥＴＰやＥＴＭにも課題がある。ＡＤＢは今後10～15年間に石炭火力の50％を閉鎖することを目指し、インドネシアやフィリピン、場合によりベトナムでＥＴＭが本格的に実施されれば、年間2億トンのＣＯ$_2$の排出を減らせるという。

しかし、ＥＴＭを活用して運転の早期終了に向く発電所は限られる。リファイナンスを受けて残りの借入金を返済し、株主の逸失利益を補填したうえで、ＡＤＢに資金を返済するには、ＰＰＡの期間がある程度残っていることが条件になる。

新設して間もない案件では借入金返済に必要となるリファイナンスが巨額になる。ＰＰＡが終了間近ではスキームを築くことが難しく、温暖化ガス削減効果も小さい。２０１２年に稼働したチレボン１は２０４２年までのＰＰＡを持つ。足元でまだ19年の契約期間が残る。仮にＰＰＡの終了を9年前倒ししても残り10年の運転期間があり、その間の売電収入でＡＤＢに返済できる。

ＡＤＢはインドネシアやフィリピンで候補案件を探しているが、「条件にうまくはまる案件はそんなにない」（業界関係者）との見方が多い。加えて石炭火力を早期停止しても増大する電力需要を満たす代替の電源とセットで進めなければ、電力需給に混乱をもたらす。

ＡＤＢは個別のＩＰＰを対象とするだけでなく、国営電力会社や財閥系企業を対象にまとまった発電所のエネルギー転換を促すファイナンス手法も検討している。

ロシアによるウクライナ侵攻が迫るエネルギー需給構造の変化にも注意が必要だ。石油や天然ガス価格の高騰と需給逼迫に伴う争奪戦により、資金に乏しい途上国や新興国がしわ寄せを受けた。

第1節で指摘した通り、天然ガスの脱ロシア依存に転換した欧州が、他の調達先としてLNGを買い集めた結果、買い負けるアジアの新興需要国ではLNG需要の減退が起きた。天然ガスや石炭などの高値と供給不安が長期化すれば、化石燃料を使い続けるよりも、再生可能エネルギーへ移行する速度が上がる可能性もある。アジアで化石燃料の退出が早まれば、アジアの広域で水素やアンモニアを普及させることで、脱炭素時代のエネルギー安全保障を構築する日本のシナリオも狂いかねない。

アジアの脱炭素は、難しいチャレンジであると同時に、同様のエネルギー消費構造を抱える日本にとっては難路を突破するチャンスになりうる。そのための技術やインフラ整備は、ビジネスの機会として日本に成長をもたらす。

脱炭素時代においてもエネルギーの安定確保が国家存立の条件であるのは変わらない。AZECが経済安全保障の構築へ重要な役割を果たすとしても、エネルギーを軸にしたブロック化を促すことになってはアジアの分断を広げ、緊張を高めることになりかねない。

また、石炭火力の早期停止を促すJETPやETMか、燃料転換を通じて段階的削減を促すAZECのどちらを選ぶかは問題ではない。重要なのは、双方の利点を生かしながらアジアのエネルギー転換に日本が主導的に関与していくことだ。

【参考文献】

（日本語）

アジア開発銀行（2021）「ＡＤＢ、インドネシア、フィリピンがエネルギー・トランジション・メカニズム創設のためのパートナーシップを発足」２０２１年11月３日
https://www.adb.org/ja/news/adb-indonesia-philippines-launch-partnership-set-energy-transition-mechanism（閲覧日：２０２３年１月30日）

日本エネルギー経済研究所編（2021）『IEEJ Outlook 2023』日本エネルギー経済研究所

日本経済新聞電子版（2021）「合意優先のＣＯＰ26、相次ぐ失望、『脱石炭』最後に修正」２０２１年11月14日
https://www.nikkei.com/article/DGXZQOGR140DS0U1A111C2000000/（閲覧日：２０２３年１月30日）

松尾博文（2022）『みんなで考える脱炭素社会』日本経済新聞出版

――（2022）「中東湾岸産油国の脱炭素戦略――移行期間の２つの挑戦」『中東協力センターニュース』（２０２２年２月）
https://www.jccme.or.jp/11/pdf/2022-02/josei01.pdf（閲覧日：２０２３年１月30日）

丸紅（2022）ニュースリリース「インドネシアにおける石炭火力発電所の温室効果ガス削減に向けた取り組みについて」２０２２年11月14日
https://www.marubeni.com/jp/news/2022/release/00089.html（閲覧日：２０２３年１月30日）

首相官邸、外務省、経済産業省各ウェブサイト

（英語）

Bloomberg NEF（2021）“Global Wind Industry Had a Record, Near 100GW, Year as GE, Goldwind Took Lead From Vestas”
https://about.bnef.com/blog/global-wind-industry-had-a-record-near-100gw-year-as-ge-goldwind-took-lead-from-

vestas/ (accessed 2023-01-30)
BP (2022) "Electricity generation by fuel" *Statistical Review of World Energy 2022*
https://www.bp.com/content/dam/bp/business-ites/en/global/corporate/pdfs/energy-economics/statistical-review/bp-stats-review-2022-full-report.pdf (accessed 2023-01-30)
International Energy Agency (2022-1) "Global Energy Review 2021:CO2 Emissions in 2022"
https://www.iea.org/reports/global-energy-review-co2-emissions-in-2021-2 (accessed 2023-01-30)
—— (2022-2) "Coal 2022 Analysis and forecast to 2025"
https://www.iea.org/reports/coal-2022 (accessed 2023-01-30)
—— (2022-3) "Solar PV Global Supply Chains"
https://www.iea.org/reports /solar-pv-global-supply-chains (accessed 2023-01-30)
—— (2022-4) "Southeast Asia Energy Outlook 2022"
https://www.iea.org/reports/southeast-asia-energy-outlook-2022 (accessed 2023-01-30)
International Renewable Energy Agency (2022) Statistics Data
https://www.irena.org/Data (accessed 2023-01-30)
The United Nations Department of Economic and Social Affairs Population Division (2022) "World Population Prospects 2022"
https://www.un.org/development/desa/pd/sites/www.un.org.development.desa.pd/files/wpp2022_summary_of_results.pdf (accessed 2023-01-30)

終章

分断を超えたアジア経済安保戦略の構築

「安保と経済の好循環」への課題

伊集院 敦
日本経済研究センター首席研究員

2つの分断シナリオにもとづくGDPへの影響

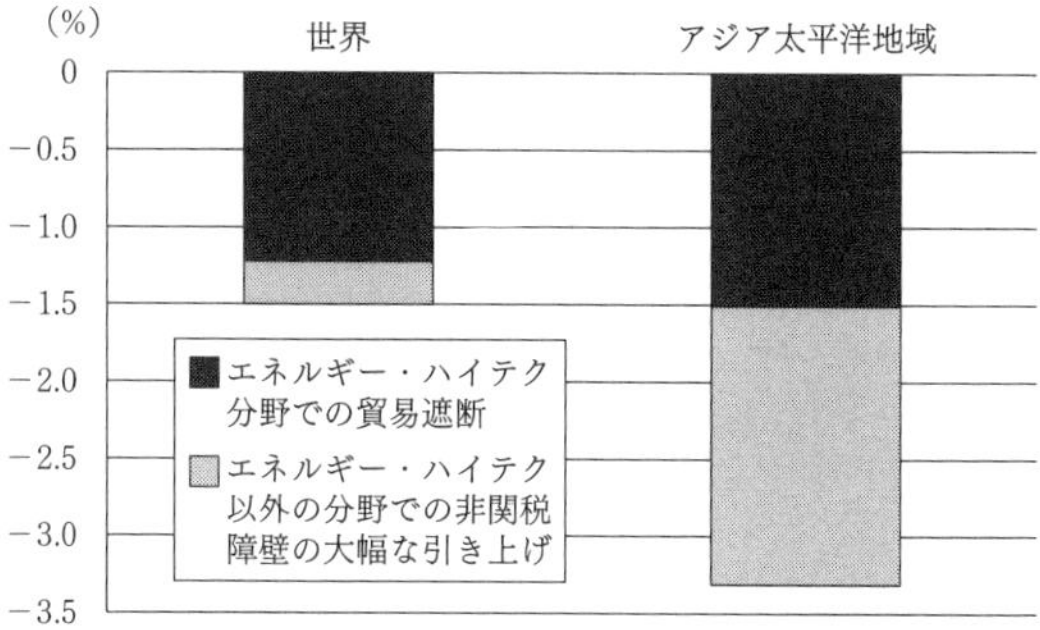

資料：IMF, Regional Economic Outlook for Asia and Pacific（2022年10月）

Point

●経済安全保障の取り組みはアジアの経済大国である日本も急ピッチで進めている。法整備の第一歩となる経済安全保障推進法が成立し、9年ぶりに改定した「国家安全保障戦略」の柱にも据えた。グローバルな安保環境の変化が背景にあり、同盟国・米国の要求を踏まえた状況対応型の色彩も濃い。

●にわか仕立ての経済安保には定義のあいまいさに伴うリスクがあり、政府の権力乱用や肥大化を招く懸念もある。世界の分断が加速するリスクもあり、貿易が盛んなアジア太平洋は他地域より大きな影響を受ける可能性がある。経済武器化のマイナス効果にも注意すべきだ。

●リスクを最小化し、安保と経済の好循環を実現する地域経済安保戦略の構築が求められる。軍事と同様に経済面でも関係国とのリスク・コミュニケーションが重要で、過剰な経済安保措置の応酬を防ぐ競争管理も必要になる。日本にはルールや国際秩序形成のコーディネーターとしての役割が期待され、強い決意と総合的な調整力が試される。

終章では、アジアの経済大国でもある日本の経済安全保障の取り組みを概観するとともに、これまで見てきた関係国の状況なども踏まえ、今後の課題を検討する。特に経済安保政策の推進に伴うリスクを点検し、今後のアジア経済の安定的な発展に向けた方策を考える。

1 日本の経済安保の歩みと特徴

国家安保戦略の柱となった経済安保

ロシアによるウクライナ侵攻が始まった2022年は、日本の安全保障にとって画期的な年となった。経済安全保障にとっても同様だ。

政府は日本の安全保障に関する最上位の政策文書である「国家安全保障戦略」を9年ぶりに改定し、12月16日に閣議決定した。国際環境の変化に応じて従来にない施策を盛り込み、今後の戦略的なアプローチとして経済安全保障政策の推進を外交や防衛体制の強化などに次ぐ柱に掲げたのである。国家安全保障戦略で経済安全保障を正面から取り上げたのは今回が初めてだ（図表9－1）。

これは日本政府が経済安全保障を国家安全保障の中心テーマのひとつに位置づけたことを意味する。「自主的な経済的繁栄を実現するための経済安全保障政策の促進」と銘打って、①経済安

［図表９－１］国家安全保障戦略における経済安保の位置づけ

グローバルな安全保障環境と課題
●サプライチェーンの脆弱性、重要インフラへの脅威の増大、先端技術をめぐる主導権争い等、従来必ずしも安全保障の対象と認識されていなかった課題 ●一部の国家が、鉱物資源、食料、産業・医療用の物資等の輸出制限、他国の債務持続性を無視した形での借款の供与等を行うことで、他国に経済的な威圧を加え、自国の勢力を拡大 ●一部の国家が、他国の民間企業や大学等が開発した先端技術に関する情報を不法に窃取したうえで、自国の軍事目的に活用
自主的な経済的繁栄を実現するための経済安全保障政策の促進
●我が国の平和と安全や経済的な繁栄等の国益を経済上の措置を講じ確保することが経済安全保障 ●我が国の自律性の向上、技術等に関する我が国の優位性・不可欠性の確保等に向けた必要な経済施策の考え方を整理し、総合的、効果的かつ集中的に措置 ●同盟国・同志国等との連携を図りつつ、民間と協調し、政府一体となって必要な取り組みを行う

［図表９－２］国家安全保障戦略に盛り込んだ主な経済安保の措置

経済安全保障推進法
●法の着実な実施と不断の見直し、さらなる取り組み
サプライチェーンの強靭化
●特定国への過度な依存の低下、次世代半導体の開発・製造拠点整備、レアアース等の重要な物資の安定的な供給確保、重要な物資や技術を担う民間企業への資本強化の取り組みや政策金融の機能強化
重要インフラ分野の対応
●地方公共団体を含む政府調達のあり方や事前審査制度の対象拡大の検討
先端重要技術の情報収集・開発・育成
●機微なデータの適切な管理や情報通信技術サービスの安全性・信頼性確保 ●主要国の情報保全のあり方や産業界等のニーズも踏まえ、セキュリティ・クリアランス（SC）を含め情報保全の強化を検討
外国からの経済的な威圧に対する効果的な取り組み

全保障推進法の着実な実施と不断の見直し、②サプライチェーン（供給網）の強靭化、③重要インフラ分野の対応、④データ・情報保護、⑤先端重要技術の情報収集・開発・育成、⑥外国からの経済的な威圧に対する効果的な取り組み――などの措置を明示した（図表9－2）。

経済安全保障政策を進めるための体制を強化し、同盟国・同志国などとの連携を図りつつ、民間と協調して取り組む方針も示した。

「今回の決断は日本の安全保障政策の大転換」。岸田文雄首相は2023年1月の通常国会における施政方針演説で、国家安全保障戦略など安保関連3文書の意義を強調した。相手に攻撃を思いとどまらせるための「反撃能力の保有」や、攻撃元を探知して事前にたたく「能動的サイバー防御」を明記。日本の自衛隊が「盾」、米軍が「矛」と称されてきた日米の長年の役割分担の変更に踏み出すのだから、画期的と評されるのは当然である。

それに比べ、経済安全保障の明記は、中国などが軍民融合戦略を進め、安保と経済が重なる部分が広がる今の世界では当たり前のことのように見える。サプライチェーンの脆弱性、重要インフラへの脅威の増大、先端技術をめぐる主導権争いなど、文書が示したグローバルな安全保障環境と課題は、いまや多くの国民や企業が認識を共有する。

しかし、専守防衛を掲げ、経済を優先してきた戦後日本の歩みを考えると、国のありようの変化を示すという意味では実は、反撃能力の保有などにも劣らないくらい歴史的なことといえるかもしれない。

経済と安保の移り変わり

戦後の日本の経済と安保の関係で、その後に大きな影響を与える決定が1976年に行われた。政府が初めて策定した「防衛計画の大綱」で特定の脅威を念頭に置かず、限定的で小規模な侵略に独力で対応できる能力を持つ「基盤的防衛力構想」を掲げた。当時の三木武夫内閣は同じ年に、防衛費を国民総生産（GNP）比1％以内とする方針も閣議決定した。

米ソの和解と、それに伴う欧州での東西協調が実現したデタントの時代だ。それ以降、多少の波はあっても、財政への配慮からも防衛力には節度が求められ、経済は安保政策の焦点ではなく、「経済に迷惑をかけない防衛」が求められる時代が長く続いた。防衛費を低く抑えていることが経済成長の一因と指摘され、米側から「フリーライド（ただ乗り）」と批判されることもあった。

国際情勢認識の面でも、東西冷戦の終結後は経済の相互依存関係が安定を保つという考え方が強く、経済が武器化される事件などによって相互依存関係の負の側面や両面性が注目されるようになってきたのは、ここ10年ほどの話だ。

それが今度の国家安全保障戦略では「グローバリゼーションと相互依存のみによって国際社会の平和と発展は保証されないことが、改めて明らかになった」との認識に至った。有事と平時の境目があいまいになってきていると同時に「国家安全保障の対象は、経済、技術等、これまで非軍事的とされてきた分野にまで拡大し、軍事と非軍事の分野の境目も曖昧になっている」と指摘。経済力を含む総合的な国力を最大限活用して、国家の対応を高次のレベルで統合させる戦略が必要だと強調した。

国際的な安全保障環境の複雑さや厳しさを表す事例として、サプライチェーンの脆弱性、重要インフラへの脅威の増大、先端技術をめぐる主導権争いなどの課題への対応を挙げ、「安全保障の確保のために経済的手段が一層必要とされている」とも述べた。

経済成長との関係では「安全保障政策の遂行を通じて、我が国の経済が成長できる国際環境を主体的に確保する」との目標を掲げ、「我が国の経済成長が我が国を取り巻く安全保障環境の改善を促すという、安全保障と経済成長の好循環を実現する」と謳った。戦略文書のなかで経済成長という単語を8回使い、日本の経済構造の自律性や、技術などの優位性や不可欠性を確保することにも触れた。

にわか仕立ての経済安全保障推進法

国家安全保障戦略の改定に先立つ2022年5月には、経済安全保障推進法が成立した。日本にとっては経済安全保障上の課題に多角的に対応する初の法律で、①重要物資の供給網の構築、②基幹インフラの安全確保、③先端重要技術の開発支援、④特許の非公開制度の創設――の4つの柱からなる（図表9－3）。

重要物資の供給網の構築は、半導体など「特定重要物資」の国内調達支援を行う。基幹インフラの安全確保は電気・金融など14業種で国が導入設備を審査し、先端重要技術の開発支援は極超音速など4分野27の「特定重要技術」を育成する。特許の非公開は、安全保障上機微な特許の公開留保や外国出願制限の制度を設ける計画だ。制度の実効性を保つため、重要インフラの対象の

［図表9－3］経済安保推進法の骨格

サプライチェーンの強靱化
安定供給が必要な物資を国が認定して調達を支援。半導体や医薬品を想定
基幹インフラの安全性・信頼性の確保
通信や電力事業者の大企業の導入機器を国が審査。安保上の懸念があれば排除
先端的な重要技術の官民協力
技術流出防止へ国内研究を国が支援。官民研究で秘密を漏らせば罰則も
特許出願の非公開制度
軍事転用の可能性がある製品や技術の公開を認めない代わりに特許権収入を国が補償

事業者が重要機器を導入する際に適切な届け出を怠った場合や、非公開の対象となる重要技術の秘密を洩らした場合などの罰則規定も設けた。

政府が本格的に経済安保の体制整備に動き出したのは最近で、法整備も急ピッチで進められた。それまで日本では「経済安全保障」という単語自体が、一般になじみのある言葉ではなかった。経済と安保の関係でいえば、天然資源に乏しい通商国家の国民の関心は主にエネルギー安全保障や食糧安保などに向いていたといえるだろう。

政府の取り組みに大きな影響を与えたのが、自民党政務調査会・新国際秩序創造戦略本部（甘利明座長）による2020年12月の提言だ。「戦略的自律性」と「戦略的不可欠性」の考え方を打ち出し、政府に経済安保戦略の早期策定や経済安保一括推進法の2022年制定などを求めた。

分野別の調査会の意見を踏まえ、資源・エネルギー確保、海洋開発、食料安全保障強化、金融インフラ整備、情報通信インフラ整備、宇宙開発、サイバーセキュリティ強化、データ利活用、サプライチェーンの多元化・強靱化、技術優越確保・維持、イノベーションの向上、土地取引、大規模感染症対策、インフラ輸出、国際ルール形成への関与、経済インテリジェンス能力強化――の16分野を列挙。ほとんどの省庁に関わる幅広い内容で、機密情報を扱える人を認定する「セキュリティ・クリアランス（適格性評価、SC）」の検討なども求めた。

政府は経済安全保障推進法に盛った4本柱の政策の実施と並行し、次の課題としてセキュリティ・クリアランスの制度設計に入った。経済安全保障担当相の下に経済人や学者、法曹関係者などからなる有識者会議を設置。2024年の通常国会への法案提出を視野に、資格を与える対象者の範囲の絞り込みなど調整を急ぐ構えだ。

米国の影響と状況対応型の取り組み

日本の経済安全保障の核心である貿易管理と技術管理などをめぐっては、政策決定の裏側に常に米国が存在した。

サンフランシスコ平和条約の発効で独立を回復した1952年、日本は経済活動でも米国が主導する西側陣営の一員としての対応を迫られ、対共産圏輸出統制委員会（ココム）に加わった。朝鮮戦争を契機にココムとは別に対中貿易を調整する対中国輸出統制委員会（チンコム）が設立されると、日本はこの組織のメンバーにもなった。

東西冷戦終結後は、大量破壊兵器問題などへの対応が中心となった。96年7月にワッセナー・アレンジメントが設立。日本は当初からメンバーとなり、合意されたリストに掲載された品目について外為法などの国内法令にもとづき、輸出管理を実施するようになった。唯一の戦争被爆国として核軍縮・不拡散を外交の柱に掲げ、原子力に関する輸出枠組みである原子力供給国グループ（NSG）やザンガー委員会（ZC）、化学・生物兵器の拡散を防止するオーストラリア・グループ（AG）、ミサイル技術管理レジーム（MTCR）などにも加わった。核・ミサイル開発を進める北朝鮮には、国連安全保障理事会決議にもとづく制裁に加え、日本独自の制裁も行ってきた。

米国との間では87年に東芝機械ココム違反事件が起きた。東芝の子会社からソ連に輸出された工作機械によりソ連の潜水艦技術が進歩し、米海軍に危険を与えたとして日米間の大きな政治外交問題に発展した。90年代には半導体摩擦で米国と対峙したが、このケースでは米国が軍事に直結する経済安保の問題ととらえていたのに対し、日本は産業政策の視点での対応に終始したのが実態だった。

経済安全保障推進法に代表される最近の措置は、2010年代後半からの国際環境の急激な変化に対応した政策だということができる。最大の国際環境の変化は米中関係の変化であり、同盟国である米国の対中政策が変化したことによる影響が大きい。

従来、対中関与政策を進めてきた米国はトランプ政権の後半から中国を戦略的な競争相手と位置づけ、中国との技術覇権競争を意識した政策に転じた。高速通信規格「5G」に代表される中国のハイテク製品の導入や中国へのハイテク輸出規制が代表例だ。トランプ政権の対中競争戦略はバイデン政権にも引き継がれ、貿易、技術、安全保障に関わる摩擦に、民主主義や人権といった価値観をめぐる対立が加わった。米中対立の激化に伴い、日本への同調圧力も一段と強まった。

政府や産業界のなかには、2010年9月の中国漁船衝突事件をきっかけに日中関係が悪化した際、中国がレアアースの対日輸出を規制したショックも残り、経済の相互依存や経済が武器化されるリスクへの意識が高まっていたのは事実だ。とはいえ急ピッチの法整備の背後に、唯一の同盟国である米国の存在があったのは間違いない。

経済安保の政策立案をリードしたのは、米国の政策変化の動向をいち早くつかみ、自民党の提言づくりなどにも深く関わった保守政治家と、それを支える経済官僚やコンサルタントたちだ。提言策定の過程では米国の専門家などとの意見交換やヒアリングも重ねた。

「喫緊の課題に絞り、可能な分野から形にしないと、米国との協調に支障をきたし、対米関係を損ないかねない」。政府が国家安全保障局(NSS)に設けた経済班の官僚たちが自民党の提言にあった経済安保戦略の策定や一括推進法の制定というアイデアを脇に置き、4本柱の法整備を急いだのは、こうした理由だった。

22年7月に外務・経済担当閣僚による日米経済政策協議委員会(経済版2プラス2)を立ち上げ、経済安保や次世代半導体開発などで協力することで合意した。

政府が次の課題にセキュリティ・クリアランスを据えた背景にも対米協力がある。セキュリティ・クリアランスは安保上の重要な情報にアクセスできる要件を満たす人に資格を与える制度だ。「情報保全強化は同盟国・同志国との円滑な協力で重要だ」。岸田首相は23年2月の関係閣僚会議でこう強調し、制度創設に向けた検討を指示した。

2 経済安保時代のリスク

経済安全保障推進法は自民、公明両党のほか立憲民主党、日本維新の会、国民民主党などの賛成多数で可決・成立した。経済安保をめぐる政府の取り組みに日本の企業や国民はおおむね理解を示しているといえるだろう。しかし、法執行を含めた今後の経済安保の展開には様々なリスクが伴うのも事実だ。本節では経済安保の必要性を認めつつ、そのリスクについて検討する。

定義のあいまいさに伴うリスク

経済安全保障推進法の国会提出に先立つ2022年2月、日本経済団体連合会（経団連）は意見書を発表した。経済安保の法整備を支持する一方、企業活動の自由や国際ルールとの整合性などの課題を指摘した。他国法令の域外適用や人権問題への対応、国内投資の支援策を求める声もあった。経済界には先端重要技術開発などの政府支援への期待の半面、企業活動の自由が制約されることへの警戒や懸念が今もある。

経済安全保障推進法のあいまいさへの懸念は法曹界などにもあり、日本弁護士連合会の小林元治会長は法律の成立後に談話を発表。多くの重要概念が政令や省令、政府が決める「基本方針」

に委ねられ、規制される内容が法律だけを見ても分からないことなどを問題点として挙げた。政省令などへの委任箇所は130カ所を数え、法の適用過程について予測可能性が保障されておらず、法の実施過程で説明責任を尽くし、慎重な運用を行う必要があると指摘した。

経済安保推進法につきまとうあいまいさは、スピード重視の法整備だったという事情に加え、経済安保の意味やイメージが必ずしも国民レベルで統一されていないことも要因だろう。そもそも、経済安全保障の定義については、当時の萩生田光一経済産業相が21年12月の国会答弁で「現行の国内法令上は明確な定義はない」と発言していたくらいだ。成立した経済安保推進法も正式名称は「経済施策を一体的に講ずることによる安全保障の確保の推進に関する法律」とされ、条文のなかには実は「経済安全保障」という単語も「経済安保」という略語も登場しないのである。

経済安保を安全保障の一分野ととらえるなら「誰が」「何を」「何から」「何によって」守るのかが重要だが、筆者が法整備の前に参加した専門家の会合でも、学者らの意見はまちまちだった。伝統的な安全保障を重視する人にとっては国家を主体と考えるのが普通だが、国家の経済安保はときに個人や企業、社会、国際社会の経済安保と矛盾することがあるだけに複雑だ。

改定された国家安全保障戦略では経済安全保障を、「我が国の平和と安全や経済的な繁栄等の国益を経済上の措置を講じ確保すること」とひとまず定義した。そのうえで「我が国の自律性の向上、技術等に関する我が国の優位性、不可欠性の確保等に向けた必要な経済施策に関する考え方を整理し、総合的、効果的かつ集中的に措置を講じていく」と今後の政策展開に幅を持たせた。推進法の成立で大きな一歩を踏み出した日本の経済安保だが、定義のあいまいさが将来、リスクの源泉にならないとも限らない。

政府の権力乱用と肥大化のリスク

経済安保は必要に応じて政府が市場における民間の自由な経済活動に介入するのが特徴であり、成立した経済安保推進法は基幹インフラの安全確保をめぐり政府の勧告や命令に従わなかった場合などの罰則規定も設けた。

経済安保も安全保障の一環である以上、政策立案の側には最悪の事態やシナリオを想定する心理が働く。完璧な安全を目指せば当然そうなるが、何が本当に必要な措置で、どこからが過剰なのか。常に問い続けなければ、拡大解釈や過剰対応につながるリスクがあるだろう。

経済安保もインテリジェンスが重視され、政府は国内外での情報収集体制を強化している。必ずしもエビデンス（裏付け）のある情報だけが重視されるのではない。この分野を専門とするコンサルタントによれば「臆測や噂も含めた情報をもとに、不透明な未来に判断を下すのが経済安保のインテリジェンスだ」という。

「政治家Aは数年前にB国関係者の訪問を受けた記録があり、あのプロジェクトに反対している裏にはB国の存在がある」「C社の幹部がたびたび海外出張しており、同社の積極的な企業買収や提携を裏で支えているのはD国マネーに違いない」――。例外中の例外だと思いたいが、経済安保政策づくりの中核を担う高級官僚が無造作に話すのを聞き、唖然としたことがある。インテリジェンスが権力によって恣意的に利用されることがないと言い切れるだろうか。

企業への監視が強まり、罰則まであるとなれば、企業にとっては法律順守のコンプライアンスコストが高まり、企業活動に制約を加えられることを嫌気して役所の顔色をうかがいたくなるのが人情だろう。逆に、国から評価を得られれば、先端技術開発などで巨額の補助金を受け取るチャンスも開けるのだ。特定重要物資や特定重要技術が恣意的に選ばれるようになれば、政府が一部だけの企業を助ける産業政策がまかり通ることになりかねない。透明性の確保が絶対に欠かせない。

官民の様々な思惑が絡み合い、最近は経済安保に関わった官僚がコンサルタントに転じたり、大手企業が経済安保に精通した官僚OBを幹部にスカウトしたりする動きも目立っている。

経済安保は性格上、伝統的な軍事安全保障よりも官民の協力を必要とする。サイバーセキュリティをはじめ、官民の協力がなければ実現できない領域が多い。ノウハウや経験、技術の伝達のため、人材の交流が不可欠な分野もあり、官僚OBの民間企業への再就職などが一概に悪いとはいえない。

2022年末に改定された政府の安保3文書では自衛隊のサイバー部隊を大幅に増強し、民間のサイバー防御もサポートする方針が盛り込まれた。自衛隊の専門人材を27年度までに現在の4倍以上の約4000人に増やす計画だ。自衛隊はピラミッド型の組織だ。サイバー専門人材が大幅に増強される将来、比較的若くして部隊を退く隊員の再就職問題なども課題になるだろう。

とはいえ、民にできることは民が行うのが資本主義社会の原則である。政府には本来、制度が実効的で予見可能性の高いものとなるように努める義務があり、官僚組織の焼け太りを許してはならない。

分断の悪影響が大きいアジア太平洋地域の経済

日本に限ったことではないが、経済安保は世界の分断の流れをさらに加速させるリスクが伴う。米国が中国への輸出管理を強化すると、中国も対抗措置として似たような政策を採用する。相手に対する脅威認識から始まる安全保障の措置が逆に相手の脅威となり、際限のない軍拡競争を招いてしまう「安全保障のジレンマ」の経済版だ。台湾問題などで米中対立が一層深刻化したり、中ロの戦略的な連携がさらに深まったりすれば、世界経済は米欧日と中ロのブロックへと分断されるリスクが増大するだろう。

国際通貨基金（IMF）が2022年10月に発表した報告書によると、分断による経済的な影響はアジア太平洋地域でより大きくなる。ハイテク・エネルギー分野の貿易が東側と西側で遮断された場合、世界の年間損失が国内総生産（GDP）の1・2％なのに対し、アジア太平洋地域では1・5％の損失が生じる。22年3月の国連総会でのロシア非難決議案への賛成国を西側、反対国・棄権国を東側と定義した分析だ。

これは貿易がアジア地域で果たす役割の大きさを反映しており、エネルギー・ハイテク以外の分野の非関税障壁（NTB）もブロック間で増加するシナリオを検討すると、世界の年間損失がGDPの1・5％なのに対し、アジア太平洋地域の損失は3・3％とギャップがさらに拡大する結果になった（章トビラデータ）。

［図表9－4］国・地域および分野別の影響シミュレーション

シナリオ①に沿った分断の影響（2030年、標準シナリオとの比較、%）

	日本	米国	EU	韓国	台湾	中国	ロシア	インド	ASEAN	西側陣営	東側陣営	中立国	全世界
農業	−5.9	−0.2	−6.9	−7.4	−9.9	−0.6	−0.4	−0.7	−0.4	−5.0	−0.6	−0.7	−1.5
鉱業	−1.5	−0.9	−4.1	−3.6	2.0	−1.0	0.0	−1.7	0.2	−1.6	−0.2	0.1	−0.3
食品加工	−8.6	−12.4	−11.1	−11.3	−5.2	−2.5	−3.2	2.9	2.2	−11.1	−2.7	2.4	−4.4
繊維・衣料	3.2	3.1	1.8	1.8	3.1	−4.8	−1.3	3.5	3.0	2.2	−4.7	2.9	−2.4
電子・電機	0.1	0.7	−0.1	−1.7	−3.5	−7.9	−0.4	0.7	1.9	−0.2	−7.8	1.2	−3.4
自動車	−3.5	−2.0	−3.9	−5.4	−4.2	−6.7	2.1	0.3	0.2	−3.6	−6.9	0.2	−3.4
その他製造業	−0.6	−1.0	−1.7	−3.6	−3.2	−7.2	−3.5	1.5	1.3	−1.5	−7.1	1.1	−3.3
サービス業	−3.7	−3.3	−3.6	−3.2	−3.1	−0.1	0.4	−0.3	0.1	−3.5	0.0	0.0	−2.2
GDP	−3.4	−3.1	−3.5	−3.4	−3.3	−3.0	−0.2	0.1	0.5	−3.4	−2.7	0.3	−2.3

シナリオ②に沿った分断の影響（2030年、標準シナリオとの比較、%）

	日本	米国	EU	韓国	台湾	中国	ロシア	インド	ASEAN	西側陣営	東側陣営	中立国	全世界
農業	−15.1	2.2	−17.0	−15.5	−26.7	−1.4	−1.4	−2.8	−1.6	−11.4	−1.3	−2.4	−3.9
鉱業	−7.8	−4.1	−13.0	−14.3	8.7	−1.3	0.2	−4.8	1.7	−6.2	1.6	0.9	−0.3
食品加工	−23.0	−44.7	−35.6	−37.3	−7.6	−12.8	−12.7	17.2	14.2	−36.9	−13.4	14.1	−13.8
繊維・衣料	27.4	21.4	15.3	14.5	20.0	−19.4	−4.3	25.9	21.3	17.6	−19.1	20.3	−7.1
電子・電機	2.1	2.1	0.8	−5.0	−14.4	−25.0	−1.9	2.5	6.2	−0.2	−24.7	4.0	−10.8
自動車	−10.8	−8.3	−13.3	−18.3	−16.6	−15.9	7.5	−0.1	−0.9	−12.2	−16.7	−1.1	−10.2
その他製造業	−0.5	−4.7	−5.4	−13.0	−12.9	−24.4	−10.0	6.0	5.0	−5.2	−23.7	4.5	−10.8
サービス業	−13.4	−12.6	−12.5	−11.0	−11.8	1.4	1.9	−0.6	0.8	−12.9	1.5	0.6	−7.6
GDP	−11.6	−12.0	−12.0	−11.3	−12.1	−9.4	−0.1	1.2	2.6	−12.2	−8.1	1.8	−7.9

資料：日本貿易振興機構アジア経済研究所

東西両陣営の対立によって、中立国が「漁夫の利」を得るという試算もある（図表9－4）。日本貿易振興機構アジア経済研究所が23年2月に発表した報告書によると、米中貿易戦争並みのNTBが課されるシナリオ①では全世界への影響は30年にマイナス2・3％（約2兆700

0億ドル)、日本、米国、欧州連合(EU)、中国への影響はマイナス3・0〜3・5%となった。中立国への影響は0・3%のプラスとなり、両陣営の対立によって、中立国が利益を得ることが分かる。

分断の程度が高まり、100%のNTBが追加的に課される「最悪ケース」のシナリオ②では世界経済への影響はマイナス7・9%(約8兆7000億ドル)であり、主要国は9〜12%程度のマイナスの影響が出る。極端な経済活動の分断が世界経済に重大な影響を与えることが見て取れる。

東側陣営への影響がマイナス8・1%なのに対し、西側陣営への影響はマイナス12・2%で、切り離される東側への影響より、切り離す西側へのマイナスの影響の方が大きいことも目を引く。マイナス幅が大きいのは、東側では電子・電機、西側では食品加工の分野だ。

米商務省が23年2月に発表した貿易統計によると、米中の2022年のモノの貿易額は輸出入合計で6905億ドルと過去最高を記録した。米国は玩具などの日用品、中国は大豆などの食品関連で輸入が増えた。相互依存度はなお高いが、米中の分断が広がれば、その影響は対ロシア制裁をはるかに上回るだけに注意を怠れない。

経済武器化のマイナス効果

制裁措置に代表される経済の武器化は短期的に効果を上げても、めぐりめぐってマイナスの影響が自国経済に及び、制裁を科した側がしっぺ返しを食らうことがある。対象国への輸出制限で自国企業のビジネス機会が失われ、相手国の技術開発や国産化を促してしまうことがあるためだ。

類似ケースとして取り上げられるのが、日本政府による韓国への輸出管理問題だ。日本政府は2019年7月1日、フッ化水素、レジスト（感光材）、フッ化ポリイミドの半導体関連素材3品目について韓国への輸出審査を厳密にすると発表した。軍事転用可能な素材を輸出する際の個別審査を省く優遇対象国（ホワイト国）リストから韓国を外す措置も行った。

元徴用工問題などをめぐって日韓関係が悪化していた時期だ。18年10月に韓国最高裁が新日鉄住金（現日本製鉄）に元徴用工への賠償支払いを命じる判決を下し、当時の文在寅政権が日本政府による国際法順守の求めを無視して状況を放置していた。

「対韓輸出規制」と表現するメディアに経済産業省が「安全保障上の措置で、『輸出管理の厳格化』だ」と修正を促す場面もあったが、当の安倍晋三首相（当時）が「韓国側が約束を守らない以上、今までの優遇措置はとらない」（日本記者クラブでの党首討論）と強調。世耕弘成経済産業相（当時）も記者会見で「両国間で積み重ねてきた友好協力関係に反する（徴用工問題などでの）韓国側の否定的な動きが相次ぎ、信頼関係が著しく損なわれた」と述べていたのだ。日韓関係の専門家の多くは一種のエコノミック・ステイトクラフトで、江戸の敵《かたき》を長崎で討つような意趣返しととらえた。

韓国では日本製品の不買運動も起きたが、経済戦争は一般的に国力が勝る方が有利である。安倍政権の発表が参院選の直前だったこともあり、日本駐在の欧州外交官などの間からは「弱い者イジメの典型的な人気取り政策で、米中双方から圧力を受けている日本のストレス解消手段だ」

［図表9－5］韓国におけるフッ化水素の対日輸入の推移

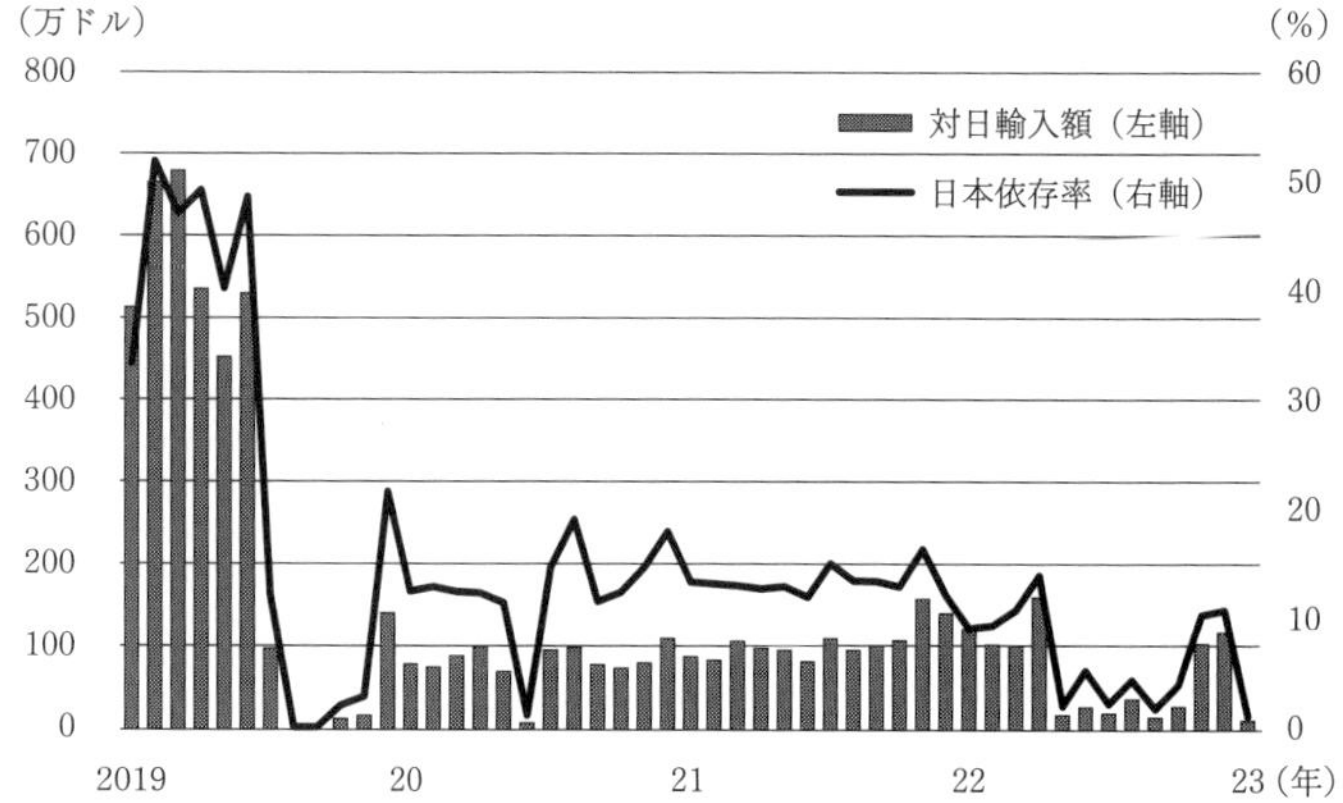

資料：韓国貿易協会

との嘲笑も聞かれた。

日本の措置から3年以上経った現在、関連産業では皮肉な現象が生じている。日本政府の措置は韓国に「日本依存リスク」を強く印象づけ、韓国政府の国産化支援と韓国企業の積極的な技術開発などの結果、韓国内での日本企業のシェアが低下するマイナス効果が表れたのである。

製品分野によって影響は異なるが、最も顕著だったのがシリコンウエハーなど基板上に半導体回路を形成した後、不要な膜を取り除くために不可欠なフッ化水素だ。韓国の貿易統計上ではフッ化水素の2020年の対日輸入は18年比で8割減となり、その後も回復の気配は見えない。韓国政府の補助金は外国企業にも適用され、日本企業が韓国で新たな投資を行って部品・素材の現地生産を増強する動きも表れた（図表9－5）。

「韓国企業と国民が力を合わせて危機を克服し、むしろ国内生産を増やし輸出先を多角化して自立度を画期的に高めるきっかけとした」。文在寅大統領が2年後の21年7月に行った「勝利宣言」には多くの誇張が含まれていたが、日本にとってある種の教訓になったのも事実だろう。

各国にとって国家の安全保障は最優先事項であり、そのための措置が必要なことは言うまでもない。ウクライナに侵攻したロシアからの石油・天然ガスの輸入制限など、経済へのマイナスの影響を覚悟しながら制裁に踏み切らざるを得ないときもある。しかし、経済の武器化には様々な副作用があり、乱用は厳に慎まなければならない。

3 成長を促す地域経済安保戦略

世界経済の分断はモノの面で供給網の目詰まりを起こし、インフレの要因になる。技術者や研究者などヒトの往来が制限されればイノベーションの停滞につながる。成長性や資金需要と関係なく、効率が悪いところにお金が注ぎ込まれれば金融リスクの原因にもなるだろう。行き過ぎれば日本がよって立つ自由貿易体制という基盤自体の破壊につながりかねない。

世界経済の分断リスクについてはすでに多くのエコノミストが警鐘を鳴らしているが、問題はいかにしてそのようなリスクを軽減するかだ。世界全体が「経済安保のジレンマ」に陥らないようにするため、どのようにすべきかという方法論である。米中に次ぐ世界第3位の経済大国として、分断が広がれば多大な損害を被るアジアの大国として、日本に課せられた責任は大きい。

ルール形成と開かれた地経学

2022年末、日本政府が9年ぶりに行った国家安全保障戦略の改定で、使用回数が4回から22回へと大幅に増えた単語がある。「国際秩序」だ。ロシアが国際法を踏みにじってウクライナに侵攻した年に策定されただけに、大国による一方的な現状変更の試みを目の当たりにしたショックの大きさを示している。

戦略文書の冒頭では、普遍的価値を共有しない一部の国家が経済と科学技術を独自の手法で急速に発展させ、学問の自由や市場経済原理を擁護してきた国家よりも優位に立つようになってきたことも「既存の国際秩序に挑戦する動きだ」と指摘した。中国の動きが念頭にある。日本が守り、発展させるべき国益の項目に「国際秩序の維持・強化」を挙げた。

国際秩序との関係で頻繁に登場するのが「ルール」(10回)という単語だ。国際経済や地球規模課題への対応、国際的なルールの形成などで多国間の協力を進め、国際社会が共存共栄できる環境を実現することを、日本の安全保障上の目標の柱に掲げた。

「自由、公正、公平なルールに基づく国際経済秩序の維持・強化」を戦略的アプローチの柱に据え、①世界貿易機関(WTO)を中核とした多角的貿易体制の維持・強化、②不公正な貿易慣行や経済的な威圧に対抗するための国際規範の強化――などに取り組む姿勢を示した。

インド太平洋地域で自由で公正な経済秩序を広げるために環太平洋経済連携協定(TPP)の

［図表9－6］インド太平洋地域の経済圏

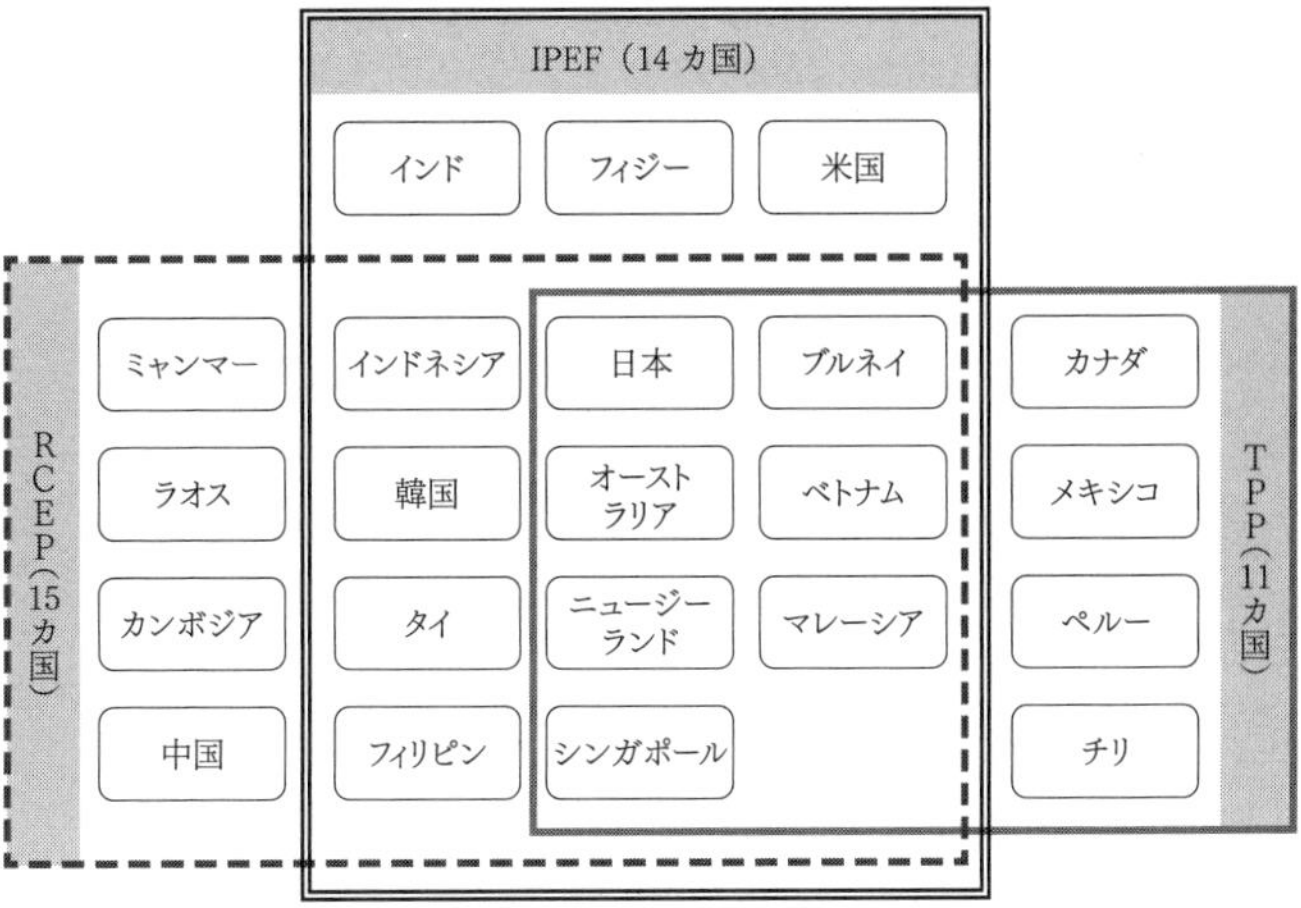

高いレベルの維持や、東アジアの地域的な包括的経済連携（RCEP）協定の完全な履行、インド太平洋経済枠組み（IPEF）の具体化などに取り組むことも盛り込んだ。ここで考慮すべきは、協定の質の高さと包括性の両立である（図表9－6）。

「フレンドショアリング」という言葉がこの1～2年、通商関係者の間でキーワードになっている。米国のジャネット・イエレン財務長官らが提唱した考え方で、生産や調達を信頼のおける友好国などに移すことだ。23年1月の世界経済フォーラム（WEF）年次総会（ダボス会議）ではWTOのオコンジョイウェアラ事務局長が「フレンドショアリングは気がかりだ。きょうの友が明日も友とは限らない」と述べ、やり過ぎは分断に拍車をかけるとクギを刺した。

　米国が主導するIPEFのほか、日米とインドにオーストラリアが加わる「Quad（クアッド）」

もフレンドショアリングに入る。特定国のグループ活動は質の高いルールづくりを通じて長い目で見れば世界の貿易を促す可能性があるが、その場合も開かれた複数国間交渉とするのが基本だろう。経済的手段を用いた地政学的目標の追求を意味する「地経学」も近年、広がっているキーワードだが、同じく開かれた形での展開が望ましい。

安保と経済のリスク・コミュニケーション

日本政府は2022年末に改定した国家安全保障戦略で、現在の中国の対外姿勢や軍事動向を「これまでにない最大の戦略的な挑戦」と表現した。9年前の戦略文書では「中国の対外姿勢、軍事動向等は、その軍事や安全保障政策に関する透明性の不足とあいまって、我が国を含む国際社会の懸念事項」としていた。十分な透明性を欠いたままの軍事力増強や東シナ海、南シナ海などの海空域における力による一方的な現状変更の試み、ロシアとの戦略的な連携を通じた国際秩序への挑戦などを踏まえた表現の変更だ。

経済活動についても、中国が主な公的債権国が参加する国際的な枠組みに参加していない点や、開発金融などの活動実態が十分な透明性を欠いていることを指摘。経済面での安全確立のため戦略的な取り組みを強化し、他国の中国への依存を利用して相手国に経済的な威圧を加える事例も問題視した。日本と国際社会の平和と安定を確保し、法の支配にもとづく国際秩序を強化するうえでのチャレンジだというわけである。

大国となった中国には、日本の総合的な国力と同盟国・同志国等との連携で対応すると同時に、ともに重要な責任を有する周辺国として2国間で様々なレベルの対話を重ね、「建設的かつ安定的な関係」を構築していく方針を示した。

安全保障面では意思疎通の強化に加え、中国との間で不測の事態の発生を回避・防止するための枠組みを構築する。具体的には防衛当局間の相互の通報体制「海空連絡メカニズム」を想定し、23年3月に専用回線を使って緊急時に電話で連絡を取り合う「ホットライン」の設置が完了した。人口や生産拠点が集中する東アジアにおける戦争は関係国・地域に甚大な被害を及ぼすだけに、対話と意思疎通を通じたリスク管理が何よりも重要だ。

海空連絡メカニズムは安保危機に関する情報伝達のリスク・コミュニケーションの重要なツールだが、経済安保が重視される時代は経済に関するリスク・コミュニケーションも必要になるだろう。輸出管理や制裁措置が強化され、経済の武器化で貿易や投資をめぐる紛争やトラブルがこれまで以上に多発する可能性がある。

経済をめぐる紛争が国民感情を刺激し、軍事安全保障や外交関係に影響を及ぼす事態も考えられる。相手が打ち出す経済安保措置の真意を探り、無用な衝突を回避することが重要だ。中国相手に民間企業が個別に対応するには限界があり、政府が間に入って調整する仕組みも不可欠だ。日本にとって最大の貿易相手の中国は今後も重要な経済パートナーであり続けるだけに、経済交流と経済安保のバランスが問われる。

経済安保をめぐるコミュニケーションは同盟国である米国に対しても必要だ。米国が民主主義や法治を唱えながらも、経済では自国優先の保護主義的な傾向を強めているためだ。米国第一主義を唱えたトランプ前大統領が使った制裁手段の1つに、米通商拡大法232条がある。ケネディ政権の時代の1962年に成立し、長らく忘れられていた古い法律だ。国家安全保障上の懸念がある場合は貿易相手国に制裁を科すことができると記されており、トランプ氏はこの制度を乱用し、国家の安全保障を理由に、中国だけでなく同盟国の日本やEUの鉄鋼、アルミにまで制裁関税を課したのだ。

有無を言わさぬ制裁や補助金の力で国内産業を保護し、ライバル国を封じ込めようとする手法はバイデン政権でも続く。2022年8月に成立した米インフレ抑制法は、電気自動車（EV）購入時に減税対象となる新車に関し、EV用電池の原材料である重要鉱物の調達先を米国または米国と自由貿易協定（FTA）を結ぶ国に事実上制限する。日韓や欧州の同盟国が「米国産優遇」に強い不満を訴え、外交問題になった。米国の経済安全保障政策の暴走は米国が仲間とみなす西側先進国の足並みを乱しかねないだけに、同盟国として親身なアドバイスが必要だ。

軍拡と経済安保の競争管理

スウェーデンのストックホルム国際平和研究所（SIPRI）によると、2022年の世界の軍事費は実質ベースで3・7％増加し、過去最高の2兆2400億ドルに達した。ロシアによるウクライナ侵攻と東アジアの緊張が支出の増加を促進した。欧州の軍事費が13％増と冷戦終結後で最大の伸びを記録したのはロシアとウクライナの軍事費拡大が主因だが、その他の諸国もロシアの脅威や東アジアの緊張の高まりから、軍事費を相次ぎ引き上げた。世界は軍拡の時代に突入したといえるだろう。

ＳＩＰＲＩの発表はアジア・オセアニア地域の軍事支出の継続的な増加に言及し、「中国と日本が支出をリード」と指摘した。

中国が長期にわたって軍事費を増加させているのに対し、日本は22年末に策定した防衛力整備計画で23〜27年度の防衛費を43兆円にすることを決定。19〜23年度の計画と比べると6割増で、最終年度にはＧＤＰ比２％を目指す。オーストラリアは21年に英国、米国と新たな安全保障の枠組み「ＡＵＫＵＳ（オーカス）」を創設し、両国の支援を受け原子力潜水艦を配備する計画を打ち出した。海軍力を増強する中国に対抗する狙いだ。北朝鮮と対峙する韓国の防衛費は、日本と肩を並べるまでになった。

軍事費の増大は、経済的には雇用の拡大や技術革新などをもたらしプラスになるとの見方がある半面、財政悪化や本来必要な分野への投資抑制などマイナス面も多い。軍拡競争が成長を圧迫した「冷戦経済」に逆戻りする懸念があり、いずれは経済的な理由からも軍備管理が重要課題になるだろう。

軍拡競争は時間の経過とともに膠着状態に陥ったり、軍拡のリスクが顕在化したりすると、政治指導者も再考を始めることが多い。軍事衝突のリスクや経済面でのマイナスが増大すれば、軍拡から軍備管理、さらには軍縮という考え方に支持が広がる。

似たことは経済安保でもいえるかもしれない。どの国でも安全は経済に優先する。今は国際秩序をめぐる攻防や大国の覇権争いが前面に出ているので、軍事と同様に経済安保も競争になりがちだ。「今が最大かつ最後のチャンスだ」。日本の半導体関係者が語るように、地政学的状況と技術・産業構造の転換を背景とする経済安保を、自国の産業振興のテコに活用する考え方もあろう。自然災害や感染症対策も想定したサプライチェーンの強靭化など、どんな時代や状況でも企業に求められるリスク管理もある。

しかし、地政学的な理由による経済安保措置が過剰となり、行き過ぎによるデメリットが見過ごせない段階になれば先々、見直しの機運が出てくる可能性もある。経済安保目的で強化された規制の緩和論などだ。経済安保につきものの非効率な部分を減らす作業である。何を守り、何を開放するか、安保と経済のバランスを保つため、経済安保の核心である科学技術などの競争管理も課題となるだろう。

試される日本の決意と総合的調整力

軍備管理の専門家によると、軍拡は主要国の国内事情や経済的要因などで一時的にストップしても、現状を固定化し、軍備水準を少し下げるだけで終わることも多い。軍拡で肥大化した組織や財政支出が既得権益化するためだ。

日本を取り巻くアジア地域で、軍備管理や軍縮を通じて平和と安全のより強固な基礎を構築しようとすれば、そのための強い意思と緻密な構想、アプローチが必要になる。経済安保も国家安保戦略の柱に据えられた以上、軍事を含む総合的な地域安保戦略の一環として競争管理の方策を練ることが課題となる。

将来の軍縮や緊張緩和に向け、強い意思を持ち続けることは意外と難しい。戦後日本の防衛は唯一の同盟国である米国に依存する部分が大きく、基本的には米国の戦略に沿って展開されてきた。本章の第1節で述べたように、日本における経済安保政策の形成も同様だ。米国の要求と国内事情を勘案しながらの状況対応型だ。

今世紀に入ると日米安保体制の一体化が加速し、2023年1月の外務・防衛担当閣僚協議（2プラス2）では両国の戦略文書のビジョン、優先事項、目標がかつてないほど整合していることを確認するに至った。米国では最近、同盟・有志国の能力を総動員する「統合抑止力」の強化が唱えられている。

抑止力強化のための安保一体化は必要だとしても、国家戦略のすべてが日米で一致するわけではないだろう。中国を大国間競争の文脈でとらえがちな米国と、隣国として歴史的、経済的、文化的に長く深い関係を有する日本とでは立場が違う。朝鮮半島との関係もしかりだ。

厳しい安保環境を考えると当面は抑止重視で臨まざるを得ないが、放っておけば状況対応の惰性だけが続く。地域の緊張緩和や平和構築は小手先の対応で実現できるものではなく、現実を踏まえて理想を求め続ける強い意思が必要である。米中対立の緩和や朝鮮半島の平和と安定に向けても、日本ならではの役割はあるはずで、それは米国との同盟関係を損なうものではない。

世界では政治・経済の両面で「グローバルサウス（南半球を中心とした途上国）」と称される地域の存在感が増し、東南アジアや南アジアには米国が唱える「民主主義対権威主義」の二分法に違和感や反感を抱く国も多い。危機に瀕したグローバリゼーションの行方はこうした地域によって左右される可能性もあり、アジアに位置する日本には西側先進国とグローバルサウスの架け橋としての役割も期待されよう。朝鮮半島や東アジアに限定したものであれ、より広範な地域を対象にしたものであれ、日本発の包括的な地域経済安保戦略があってもいい。

幸いなことに、日本が提唱する「自由で開かれたインド太平洋（ＦＯＩＰ）」というビジョンに多くの国が関心を示している。２０２２年の『外交青書』では「この地域において、法の支配に基づく自由で開かれた秩序を実現し、地域全体、ひいては世界の平和と繁栄を確保していくことが重要」と指摘し、別の説明資料では「ルールに基づく国際秩序の確保、航行の自由、紛争の平和的解決、自由貿易の推進を通じて、インド太平洋を『国際公共財』として自由で開かれたものとすることで、この地域における平和、安定、繁栄の促進を目指す」としている。中国は「アジア版の北大西洋条約機構（ＮＡＴＯ）だ」と警戒しており、具体的な政策と進め方によって、分断の加速にも克服にもつながるアイデアだ。

掲げたビジョンの実現に向け、まずはしっかりとした戦略を練ることが求められる。日本発の包括的なアジア経済安保戦略は抑止と包摂の両面性を有し、そのバランスをとることが重要だ。理想を掲げつつも、なるべく多くの国の協力を得る必要がある。このため短期、中期、長期それぞれの行動計画を備えることも必要だろう。経済、安保、社会など幅広い領域を含むだけに、行動計画は多元的かつ重層的な構造とならざるを得ない。岸田首相が23年3月のインド訪問中に発表した新たな推進計画はその第一歩になる。

残念ながら今の日本には、単独で世界的な課題を解決できるほどの決定的な経済力や軍事力はない。科学技術の面でも低迷が指摘される。しかし、日本の国柄への外国の期待は存在しており、覇権を争う大国から途上国まで幅広い相手に働きかける役割や、国際秩序形成の主体や原動力になるコーディネーターとしての役割は期待できる。22年末改定の国家安全保障戦略に掲げた「安全保障と経済成長の好循環」のシナリオを実現するため、日本の決意と総合的な調整能力が試される。

【参考文献】

(日本語)

伊集院敦、日本経済研究センター編（2022）『朝鮮半島の地経学――「新冷戦」下の模索』文眞堂

太田泰彦（2021）『２０３０半導体の地政学』日本経済新聞出版

――（2022）「経済安全保障でグローバリゼーションが終わる」日本経済新聞社編『これからの日本の論点２０２３』日本経済新聞出版

神谷万丈（2022）「経済安全保障をめぐる諸論点」『安全保障研究第4巻第1号』鹿島平和研究所・安全保障外交政策研究会

鈴木一人（2022）「自由貿易体制における経済安全保障」『安全保障研究第4巻第1号』鹿島平和研究所・安全保障外交政策研究会

高見澤將林（2022）「国家安全保障戦略及び防衛大綱等の見直しと『経済安全保障』」『安全保障研究第4巻第1号』鹿島平和研究所・安全保障外交政策研究会

宮本雄二、伊集院敦、日本経済研究センター編著（2020）『技術覇権　米中激突の深層』日本経済新聞出版

宮本雄二、伊集院敦、日本経済研究センター編著（2021）『米中分断の虚実』日本経済新聞出版

宮本雄二、伊集院敦、日本経済研究センター編著（2022）『東アジア　最新リスク分析』日本経済新聞出版
『防衛白書』（２０２２年版）防衛省
『外交青書２０２２』外務省
『日本経済新聞』など各紙

（英語）

IMF（2022）Regional Economic Outlook for Asia and Pacific
SIPRI（2023）“World military expenditure reaches new record high as European spending surges”
米ホワイトハウス、国務省、商務省の各ウェブサイト

（韓国・朝鮮語）

『聯合ニュース』『中央日報』『毎日経済新聞』など韓国報道

（中国語）

中国政府、外交部、商務部ウェブサイト

【編著者略歴】
伊集院敦（いじゅういん・あつし）
日本経済研究センター首席研究員
早稲田大学卒、日本経済新聞社入社。ソウル支局長、政治部次長、中国総局長、編集委員などを経て現職。ジョージ・ワシントン大学客員研究員などを歴任。
近著に『米中分断の虚実』（共編著、日本経済新聞出版）『技術覇権』（共編著、日本経済新聞出版）『東アジア 最新リスク分析』（共編著、日本経済新聞出版）『朝鮮半島の地経学』（編著、文眞堂）などがある。

アジアの経済安全保障

2023年6月14日　1版1刷

編著者　伊集院敦・
日本経済研究センター

発行者　國分正哉
発　行　株式会社日経BP
日本経済新聞出版
発　売　株式会社日経BPマーケティング
〒105-8308　東京都港区虎ノ門4-3-12
装　丁　竹内雄二
DTP　CAPS
印刷・製本　シナノ印刷

本書籍に関するお問い合わせ、ご連絡は下記にて承ります。
https://nkbp.jp/booksQA

Printed in Japan　ISBN978-4-296-11828-1